BIBLIOTHÈQUE SCIENTIFIQUE CONTEMPORAINE

LES FLEURS

A PARIS

CULTURE ET COMMERCE

Lyon. — Imp. PITRAT AÎNÉ, A. REY Successeur, 4, rue Gentil. — 3440.

LES FLEURS

A PARIS

Culture et Commerce

PAR

PHILIPPE L. DE VILMORIN

INTRODUCTION PAR HENRY L. DE VILMORIN
MEMBRE DE LA SOCIÉTÉ NATIONALE D'AGRICULTURE
PREMIER VICE-PRÉSIDENT DE LA SOCIÉTÉ D'HORTICULTURE

Avec 208 figures intercalées dans le texte

PARIS
LIBRAIRIE J.-B. BAILLIÈRE ET FILS
RUE HAUTEFEUILLE, 19, PRÈS DU BOULEVARD SAINT-GERMAIN

1892

INTRODUCTION

Le développement prodigieux pris depuis quelques années par le commerce et l'emploi des fleurs fraîches n'a pu échapper même aux observateurs les plus superficiels.

A plus forte raison devait-il attirer l'attention de ceux qui par goût et par devoir observent, constatent et enregistrent les faits économiques et sociaux.

D'où viennent toutes ces fleurs? qui les cultive, les expédie, les reçoit, les distribue? A combien de personnes la production et le commerce des fleurs donnent-ils le moyen de vivre et parfois de faire fortune? Autant de questions auxquelles il était intéressant de chercher réponse.

C'est sous l'empire de cette préoccupation que, en janvier dernier, l'Association française pour l'avancement des Sciences m'a fait l'honneur de m'inviter à prendre les fleurs coupées comme sujet d'une des conférences qu'elle est dans l'habitude de donner à Paris pendant l'hiver.

C'est par la même recherche de l'actualité qu'un article plein de détails curieux et pittoresques a paru au mois de mai dernier, publié par un écrivain qui jouit d'une autorité littéraire et artistique incontestée et que le nom de plume de marquis de Villemer ne cache que d'un voile transparent.

C'est, répondant encore à la même pensée que MM. J.-B. Baillière et fils ont bien voulu me demander de grouper en un volume les renseignements que j'avais dû réunir pour préparer ma conférence sur un sujet que depuis quelque temps ils désiraient voir traité dans leur *Bibliothèque scientifique contemporaine*.

Des occupations déjà trop nombreuses, des engagements pris antérieurement allaient me forcer de me désintéresser complètement de ce travail, pourtant si tentant, lorsque j'ai eu la bonne fortune de trouver tout près de moi, dans mon fils aîné, encore étudiant, le collaborateur que cherchaient MM. J.-B. Baillière.

On comprendra facilement avec quel empressement et quelle légitime satisfaction j'ai mis non seulement le travail déjà fait, mais tout ce que je pouvais donner de conseils et de concours à la disposition d'un débutant soucieux de faire son entrée dans le monde par un travail utile, et de prendre rang à la suite de quatre générations d'hommes passionnés pour l'étude des choses agricoles et horticoles.

Le plan suivi dans la rédaction de l'ouvrage est des plus simples, et je vais l'exposer en quelques mots.

L'auteur constate d'abord la généralité du goût et de l'emploi des fleurs à notre époque ; puis il conduit rapidement le lecteur à travers le monde pour comparer les divers pays entre eux au point de vue de l'importance et de l'installation du commerce des fleurs. Ensuite, s'attachant particulièrement à la ville de Paris, il décrit successivement les procédés et l'organisation de la vente aux Halles, dans les marchés aux fleurs, chez les revendeurs et dans les boutiques de fleuristes; puis il indique la provenance des principales fleurs vendues à Paris et passe en revue à cette occasion les cultures sous verre et celles du Midi d'où, grâce au soleil de Provence, tant d'envois frais et parfumés, viennent égayer nos hivers parisiens.

Quittant alors la description du commerce des fleurs, l'auteur énumère les principales plantes qui font l'objet des soins du producteur, et signalant les mérites des diverses espèces en même temps qu'il en indique sommairement la culture, il traite successivement des *plantes annuelles*, *bisannuelles*, *vivaces* et *bulbeuses de pleine terre*, puis il parle des *plantes de serre*, consacrant un chapitre spécial aux *orchidées*, des *arbres et arbustes fleurissant*, des *rosiers* en particulier, enfin des plantes spéciales aux *cultures du Midi* et des accessoires des bouquets, verdures diverses, mousses et fougères.

Familiarisé dès l'enfance avec les cultures florales des environs de Paris et avec celles de la Provence; formé par quelques voyages en Europe et en Amérique à l'observation et à la comparaison, l'auteur pouvait, à la rigueur, entreprendre sans trop de présomption la tâche qu'on lui faisait l'honneur de lui confier. Les lecteurs jugeront si l'inexpérience n'est pas trop apparente dans le travail qui leur est offert. Au moins voudront-ils bien être indulgents en pensant que le vingtième anniversaire de l'auteur n'avait pas encore sonné à la date où son livre a vu le jour.

HENRY L. DE VILMORIN.

15 janvier 1892.

Les figures dont ce volume est illustré nous ont été pour la plupart prêtées par leurs propriétaires et nous tenons à leur en exprimer nos remercîments. M. R. Veitch, de Londres, nous a communiqué quatre figures d'orchidées, M. Boudet trois vignettes, dessinées par Léon Lhermitte, pour La Vie Rustique, *d'André Theuriet.*

MM. Vilmorin, Andrieux, ont mis obligeamment à notre disposition plus de cent cinquante de leurs jolies et surtout fidèles illustrations des plantes cultivées. Nous avons pu de la sorte accompagner le plus grand nombre des descriptions de plantes d'une vignette donnant quelque idée de leur port et de leur mérite ornemental.

J.-B. BAILLIÈRE ET FILS.

LES FLEURS

CULTURE ET COMMERCE

INTRODUCTION

On dit quelquefois et à tort que les fleurs sont *à la mode*. La faveur qu'elles ont prise depuis quelques années auprès du public et la façon extrêmement rapide dont elles se sont introduites dans nos habitudes, ne suffisent pas pour autoriser cette expression ; une mode est essentiellement arbitraire et variable, c'est un engouement venant on ne sait d'où, ni pourquoi, ni comment, un entraînement qui, soudainement s'empare de l'opinion et des goûts pour y faire régner un objet ou une habitude souvent sans valeur ni raison d'être. Son règne est toujours éphémère, et la *chose à la mode* retombe dans l'oubli d'où elle n'aurait jamais dû sortir.

L'amour des fleurs n'est pas chose récente, et il faudrait remonter bien haut dans l'histoire des peuples pour en trouver le premier germe.

Le prodigieux développement qu'il a pris parmi nous à la fin de ce siècle, tient à des causes multiples et complexes; mais on peut mettre en première ligne ce retour spontané vers la nature qui se manifeste chez tous les peuples arrivés à un haut degré de civilisation. C'est un instinct qui nous pousse à ne nous pas laisser absorber par la vie surchauffée toute matérielle et artificielle qui nous entoure à cette grande époque où l'art si vulgarisé se propage à la machine.

Au milieu des grandes villes, nous sentons le besoin de nous retremper dans des beautés moins manufacturées. La facilité sans cesse croissante de la production et des transports permettant d'offrir à très bon marché au public des articles auxquels il n'a jamais été insensible, mais dont le prix très élevé l'effrayait, a largement contribué à la popularité des fleurs. Il y a trente ans, elles étaient un luxe ; en les regardant comme des merveilles, on disait : « Où vont-elles ? » — « Où ne vont-elles pas ? » pourrait-on dire aujourd'hui ; je les vois partout.

Du berceau à la tombe, elles nous accompagnent et nous entourent, et l'on peut dire qu'en France elles sont intimement liées aux moindres actes de notre vie individuelle, familiale et sociale.

Un salon sans fleurs nous paraîtrait presque aussi nù qu'un salon sans meubles ; les bouquets, les corbeilles, les jardinières ornent les tables, les cheminées, les encoignures ; en un mot forment au reste de l'ameublement un accompagnement indispensable (fig. 1), et la manière harmonieuse dont leurs couleurs sont assorties ou opposées à celles des tentures et des meubles, constitue un art véritable dénotant un talent qui n'est pas l'apanage de tout le monde.

L'éloge des ornementations florales n'est plus à faire, et chacun de nous peut voir tous les jours les merveilles qu'enfantent les doigts de nos fleuristes, depuis le simple bouquet jusqu'à la décoration complète et artistique d'une salle de bal, ces combinaisons toujours variées de

Fig. 1.

fleurs et de verdure s'unissant aux lumières et aux fraîches toilettes.

Les fleurs ont élu domicile sur les tables de nos salles à manger et parfois les recouvrent tout entières. La corbeille, au milieu de la table, indispensable dans les dîners d'apparat se trouve bien souvent aussi dans les simples repas de famille, même dans les intérieurs les plus modestes, avec l'infinie variété de ses formes ; il semble que nous voulions satisfaire à la fois tous nos sens.

On s'étonne souvent de la faveur dont jouissent les fleurs parmi les classes laborieuses. Le contraire serait remarquable. On a, d'ailleurs, constaté que ce goût est très constant, et ce ne sont pas les brillants fleuristes récemment établis sur les boulevards, qui fournissent des pots de fleurs aux fenêtres du cinquième étage.

L'ouvrier, ordinairement campagnard ou fils de campagnard, séquestré dans les grands centres, a toujours aimé ce qui lui rappelle le pays, ce pays qu'il n'a quitté que poussé par l'appât du gain, et que bien souvent il regrette. En rentrant chez lui après une journée de travail, il aime trouver autre chose que la correcte propreté de son logis ; un bouquet sur la table, un pot de fleurs à la fenêtre, c'est un rayon de soleil des champs dans la monotonie de sa vie de labeur.

On peut affirmer que l'amour des fleurs dénote presque sûrement, dans les familles ouvrières, une conduite régulière et l'attachement à la vie de famille.

Une des innovations que nous devons le plus admirer, c'est l'ornementation en fleurs naturelles que nous voyons dans les églises aux jours de fête. Quelques bouquets sur l'autel font rarement défaut, surtout dans les églises de Paris ; mais quand arrive une grande solennité, nous voyons avec plaisir les roses fraîches ou les pivoines remplacer les fleurs massives et faites d'or et d'argent, entourer et recouvrir l'autel, aider l'homme à bénir Celui qui les a créées.

Et quand cette solennité est celle d'un saint, les fleurs semblent se répandre hors de l'église sous la forme de ces bouquets que nous offrons à nos amis en leur souhaitant leur fête, touchant usage qui consiste à pré-

FIG. 2.

senter un objet tangible, image des vœux qu'on ne voit pas (fig. 2[1]).

Et ces fêtes se souhaitent d'un bout à l'autre de l'année jusqu'au jour de l'an qui est le signal d'une véritable avalanche de fleurs et l'époque de grande activité pour les fleuristes.

[1] Dessin de Léon Lhermitte, emprunté au livre d'André Theuriet *La Vie rustique*, Paris, Boudet.

Pendant toute l'année aussi, se succèdent les fiançailles et les mariages, qui sont l'occasion d'offrir de nombreux bouquets blancs ; et également, hélas ! les deuils et services funèbres où les fleurs accompagnent toujours, et parfois en véritables montagnes, jusqu'à la tombe celui que nous perdons.

Puisque notre vie est si intimement liée à celle des fleurs, il est donc intéressant d'étudier celles-ci. Dans les pages qui vont suivre, je m'efforcerai de montrer comment elles sont produites, cueillies, expédiées, mises en œuvre et enfin offertes et vendues à chacun de nous.

Première Partie

COMMERCE ET CULTURE

I. Commerce dans les différents pays

Un commerce aussi actif que celui des fleurs fraîches, dont les transactions se renouvellent chaque jour pendant toute l'année, exige des installations spéciales dont le développement et l'importance sont en raison de la faveur dont les fleurs jouissent dans les différents pays.

Paris, avec ses nombreux marchés aux fleurs partiellement couverts, a pu longtemps se regarder comme mieux partagé qu'aucune autre ville sous ce rapport; mais, depuis quelques années, Londres a consacré à la vente des fleurs et des plantes fleuries un véritable palais, beaucoup plus spacieux et beaucoup mieux aménagé qu'aucune des installations parisiennes. C'est la grande salle des fleurs à Covent-Garden où le marché se tient, trois fois par semaine, depuis cinq heures du matin jusqu'à midi, et où passent des millions de potées et de bottes de fleurs. En plus de ce marché public, Londres possède de nombreux fleuristes établis en boutique dans les différents quartiers de la ville, car le goût des fleurs est très développé chez nos voisins d'outre-Manche, plus peut-être encore que chez nous.

La plupart des grandes villes d'Angleterre ont un local réservé aux fleurs dans leur grand marché aux fruits et aux légumes.

Dans les pays du Midi où les fleurs sont partout, elles ne se rencontrent guère en un endroit spécial et aménagé à leur intention. Ni en Algérie, ni en Andalousie où pourtant on en vend de grandes quantités, il n'y a de marchés spéciaux bien définis. A Séville, dans le grand marché, quelques échoppes, entremêlées avec celles des marchands de légumes frais ou secs, sont consacrées à la vente des roses, œillets ou autres fleurs de la saison.

Des marchands pourvus de larges paniers presque plats colportent les mêmes fleurs à travers la ville, faisant halte suivant l'heure et les circonstances, tantôt sur un point, tantôt sur un autre.

A Madrid, c'est à la porte des églises et des théâtres que sont les principaux établissements de fleuristes, limités en général à quelques étagères garnies de plantes en pots et de fleurs coupées. Des ânes ou des mules, portant de chaque côté une sorte de tablette garnie de pots de fleurs, parcourent les rues dont ils occupent presque toute la largeur.

Barcelone est certainement la ville d'Espagne où la vente des fleurs possède l'installation la plus pittoresque.

Fig. 4. — Gran Rambla de las flores, à Barcelone.

La Rambla de las Flores est un de ces grands boulevards des villes méridionales, planté de grands arbres et réservé aux piétons entre deux voies parcourues par les voitures (fig 4).

Des deux côtés de la promenade, sont disposées des étagères à deux ou trois gradins surmontant une sorte de buffet dans lequel, après les heures de vente, peuvent être serrés jusqu'au lendemain les plantes ou les bouquets qui restent.

Tous les matins, mais plus spécialement trois fois par semaine, toutes les places sont occupées et toutes les étagères garnies des plus jolies fleurs.

En Italie aussi, la vente des fleurs se fait surtout par des marchands ambulants, souvent des enfants ou des jeunes filles, munis de légères corbeilles ouvertes.

Le goût des fleurs est général dans ce pays, mais le commerce est loin d'atteindre les mêmes proportions que dans les pays du Nord.

Marseille possède, entre la Canebière et la rue de Rome, un marché aux fleurs coupées, où les vendeuses dominent, de leur siège surélevé, la foule qui s'empresse autour de leurs étalages.

Aux Etats-Unis, la production et le commerce des fleurs se sont développés avec la même impétuosité que les autres genres d'industrie.

Les grandes forceries de roses de New-York opèrent par centaines de mille plantes, les cultivateurs de Glaïeuls, de Tubéreuses ou de Lis, par hectares de plantation.

Toute cette immense production est cependant écoulée par les fleuristes établis en boutique. L'Américain n'a guère le temps d'aller visiter un marché. Il faut que le produit soit amené à sa porte. Aussi les grandes villes sont-elles abondamment fournies de boutiques consacrées à la vente des fleurs, boutiques qui, très souvent, débordent largement sur les trottoirs.

Les fleurs sont employées jusqu'à la profusion dans toutes les circonstances de la vie, et, dans les maisons élégantes, elles constituent un article important de la dépense. Il n'est pas rare qu'on donne 5000 dollars (25.000 fr.) à un fleuriste pour entretenir toute l'année les décorations florales d'une seule maison. On m'a cité un ou deux abonnements de ce genre allant même à 10.oco dollars.

J'ai vu, sur un des grands vapeurs de la Compagnie transatlantique, l'immense salon où les passagers prennent leurs repas, à moitié rempli par les bouquets, corbeilles, et diverses compositions florales, offerts à un seul ménage qui venait faire en Europe son voyage de noces.

Les Halles de Paris

Des fleurs, toujours des fleurs, pendant la canicule aussi bien que pendant les dures gelées d'hiver : voilà ce qu'il faut à l'exigence du public parisien. Tant que l'inclémence de la température ne s'oppose pas, sous nos latitudes, à la végétation et à l'épanouissement des fleurs, les horticulteurs des environs de Paris sont à peu près les seuls fournisseurs du marché ; mais, dès qu'arrivent les froids, une chaleur artificielle doit, dans les serres, remplacer l'ardeur diminuée du soleil, et cette coûteuse culture, si elle était seule pratiquée, mettrait ses produits hors de prix ; heureusement, depuis que la rapidité des transports s'est accrue d'une si merveilleuse façon, une partie de l'approvisionnement forcé de Paris lui vient du midi de la France, des bords de la Méditerranée, de cette région chaude et privilégiée où l'on ne connaît que par ouï-dire les rigueurs de nos hivers.

Que les fleurs viennent du voisinage immédiat de Paris ou de provinces plus lointaines, elles convergent toutes, en arrivant dans la capitale, vers un point central et intéressant à étudier, d'où elles reprennent ensuite leur course dans différentes directions, suivant l'acheteur auquel elles ont été dévolues : ce centre du commerce des fleurs se trouve aux Halles.

Toutes les nuits, à Paris, abritent de leurs ombres un spectacle bien digne de s'étaler au grand jour, mais auquel les profanes n'assistent que rarement. Il faut cependant avoir vu cette vente, ce marché, le plus considérable du monde entier, pour se faire une idée de l'importance du commerce des fleurs et du nombre de personnes qu'il occupe.

Dans aucune ville étrangère, si ce n'est à Londres, le trafic des fleurs n'atteint le développement qu'il a pris à Paris, et, cependant, nous ne possédons pas encore un

Pavillon des Fleurs. Il est bien question de construire aux halles centrales un pavillon spécialement affecté au commerce des fleurs, ou même de créer un marché tout à fait indépendant, mais cette réforme si utile est encore à l'état de projet, dans cette longue période de préparation d'où les meilleures innovations ne sortent parfois jamais.

Pour le moment donc, l'installation est fort rudimentaire et tout à fait insuffisante.

Le marché aux fleurs se tient dans un vaste courant d'air, sous l'abri de la rue couverte qui sépare les pavillons 7 et 8 des halles centrales et rejoint la rue Rambuteau à la rue Berger.

Dans ce passage froid et ouvert à tous les vents glacés, dès le commencement de la nuit, commence l'arrivage des fleurs. D'abord les lourds camions du chemin de fer apportent les envois du Midi, dans des caisses et des paniers très légers d'osier ou de roseaux fendus et tressés.

Puis viennent les horticulteurs des environs de Paris, apportant leurs produits dans des charrettes à deux roues, couvertes de bâches ; partis de chez eux à des heures diverses, suivant la distance qu'ils ont à parcourir, ils s'efforcent d'arriver le plus tôt possible pour avoir de bonnes places, ou encore envoient un représentant leur en retenir une, et arrivent eux-mêmes à des heures plus tardives, peu avant le commencement de la vente.

Les marchandises, déchargées des camions et des votures, sont étalées sur les trottoirs et sur une partie de la rue bitumée ; chaque vendeur paie, par jour, la place qu'il occupe 0 fr. 40 ou 0 fr. 30 le mètre, suivant qu'il est à l'abri ou en plein air. Une trentaine d'abonnés paient leur place au mois. Des passages sont ménagés entre les différents étalages pour permettre la libre circulation des acheteurs.

Lorsque la température s'abaisse, pendant les longues et sombres nuits d'hiver, l'attente est longue et le vent est bien froid. Les fleurs, couvertes de chaudes couvertures et protégées avec sollicitude contre tout ce qui pourrait diminuer leur valeur commerciale, sont moins à plaindre que leurs malheureux propriétaires, grelottant au souffle piquant de la bise.

Quand la température est trop rude, la vente se fait dans de vastes sous-sols ; l'aspect du marché est alors très pittoresque : des installations provisoires et volantes sont établies, des tables dressées sur des tréteaux, et sur ces tables sont étalées les fleurs peu variées en ces temps de grandes gelées ; des Violettes, des Coucous, des Giroflées jaunes, avec les Roses et les Mimosas de Cannes.

La vente commence à trois heures du matin en été, à quatre heures en hiver. C'est alors que l'activité et l'animation du marché sont vraiment remarquables. Peu d'amateurs, en général, à cette heure matinale ; tout se passe entre gens d'affaires se connaissant ordinairement, et la vente marche bon train. Les acheteurs aux halles ne sont, d'ordinaire, que des intermédiaires et revendent eux-mêmes, en ville, ce qu'ils se procurent le matin. Nous en parlerons plus tard.

Sans sortir des halles, pour le moment, nous voyons des industriels qui se livrent, sur le commerce des fleurs, à des spéculations rapides et paraît-il, rémunératrices. Ils achètent, dès le commencement de la vente, alors que la marchandise abonde, des fleurs à bas prix, puis, louant une place de vendeur, ils attendent que la valeur des fleurs ait monté, disposent leur marchandise avec art et la revendent avec profit. Cette catégorie de revendeurs porte aux halles le nom élégant de *regrattiers*.

La vente à la criée n'est pas libre aux halles ; deux individus seuls ont le droit de l'exercer et déposent, pour ce droit, un cautionnement de 10.000 francs. La vente est, d'ailleurs surveillée, et tout s'y passe en bon ordre.

Cette étude sur le commerce des fleurs aux halles n'a pas la prétention d'être sans lacune; elle serait cependant par trop incomplète si je ne parlais de deux institutions qui rendent aux halles les plus grands services : ce sont les Commissionnaires en fleurs et les Forts. Les commissionnaires en fleurs sont quarante et remplissent une double fonction : d'abord ils facilitent l'accès du marché parisien aux produits lointains.

L'horticulteur de Provence ne peut pas toujours avoir à Paris un représentant qui reçoive les envois faits et les porte aux halles; il s'adresse alors à un commissionnaire qui se charge de la vente des fleurs en gardant naturellement pour lui une certaine part du bénéfice. Placé au centre de l'activité commerciale, il voit les tendances du marché et informe son client, dès qu'une hausse semble prête à se produire sur un certain article, de forcer les envois sur ce point, et, au contraire, de cesser d'expédier certaines fleurs quand leur grande affluence sur la place leur fait perdre de leur valeur.

Le Commissionnaire opère, en outre, une œuvre très utile de sélection. Parmi les quantités énormes de fleurs qu'il reçoit, les unes, rares et recherchées, sont séparées du reste de l'envoi, vendues aux grands fleuristes, et payées des prix considérables par les amateurs. Les frais de culture et d'expédition de tout l'envoi se trouvent ainsi parfois couverts par quelques articles de choix, le *très beau midi*, comme on les appelle dans le métier. De sorte que le *midi ordinaire* porté aux halles, peut y être vendu à vil prix, et nous le retrouvons dans les charrettes des marchands ambulants où nous les payons moins cher qu'à Cannes ou à Nice.

Ces quarante Commissionnaires sont loin de recevoir et de vendre, tous, les mêmes quantités de fleurs ; il y en a de grands et de petits, mais, dans l'ensemble, ils se partagent chaque jour 1000 à 1200 paniers, provenant pour la plupart du Midi, surtout pendant l'hiver.

Les horticulteurs et maraîchers qui apportent leurs fleurs aux halles sont en nombre très variable suivant la saison, et leur activité diminue sensiblement après l'automne. En moyenne, ils sont de deux à trois cents, déposant quotidiennement 800 paniers de fleurs sur le carreau, ce qui porte à 2000 environ le nombre de paniers journellement vendus aux halles de Paris.

Les Forts des halles sont célèbres ; chacun connaît la probité de cette vieille corporation, mais, d'ordinaire, on ne se rend pas compte des services qu'elle rend sur le marché en facilitant la vente des marchandises et en soulageant l'horticulteur d'une partie des tracas qu'il aurait à subir. Le Fort décharge les voitures qui arrivent et remet au propriétaire un billet de stationnement. Celui-ci va donc tranquillement mettre son véhicule à l'abri, à la place qui lui est indiquée dans une des rues circonvoisines, tandis que sa marchandise est transportée par le Fort, sous le marché couvert. Le Fort qui a perçu le prix de l'emplacement occupé par les fleurs, est responsable de ces dernières, et veille sur elles avec sollicitude jusqu'à l'heure de la vente.

L'horticulteur, d'ailleurs, n'est pas obligé de garder lui-même sa voiture. Une entreprise très prospère de *gardage* fonctionne depuis plusieurs années et, moyennant 0 fr. 50 par voiture et par nuit, se charge de surveiller ces longues files immobiles de charrettes, dont les chevaux fatigués dorment sur trois pieds en attendant l'heure de reprendre le chemin de l'écurie.

Neuf heures. La vente est finie. Les petites voitures, les ambulants, leur chargement complet, se dispersent dans les rues ; les fleuristes emportent leur butin dans des charrettes à bras ; les horticulteurs reprennent les grandes routes et dorment du sommeil du juste, sous leurs grandes bâches vertes, laissant leurs chevaux encombrer le milieu de la chaussée au grand détriment de la circulation.

Les Marchés aux Fleurs

Les marchés aux fleurs, au nombre de onze à Paris, ne font pas double emploi avec les halles. Bien qu'il s'y vende aussi une bonne quantité de bouquets faits et de fleurs coupées, ils ont surtout pour objet la vente des plantes vivantes en pots ou en mottes.

Plusieurs d'entre eux sont fort anciens. Celui de la Cité, qui occupe depuis 1809 son emplacement actuel, dit *quai aux Fleurs*, existait au siècle dernier sur le quai de la Mégisserie. Il a été réglementé pour la première fois en l'an VII (1799).

Le marché de la Madeleine date de 1834 (fig. 5); celui du Château-d'Eau, aujourd'hui place de la République, date de 1836; celui de la place Saint-Sulpice, de 1845; les sept autres ont été ouverts depuis 1870.

C'est un tableau bien parisien et qu'on n'échangerait pas volontiers, même pour une installation plus perfectionnée, que cette réunion d'abris ouverts sur les côtés ou partiellement clos contre le vent et la pluie, tout garnis, à terre et sur les gradins, de potées enveloppées de leur feuille de papier blanc, comme d'un cornet gigantesque. Au milieu, la marchande, bien abritée sous une chaude pèlerine de fourrure commune, les pieds sur sa chaufferette, invite de la voix et du geste, les clients à fixer leur choix sur ses produits, toujours plus frais et plus avantageux que ceux d'à côté.

Fig. 5. — Le marché aux fleurs de la Madeleine,
d'après le tableau de M. L. de Schryver.

Avec quelques variantes dans le décor, la scène se répète tous les jours de la semaine et en plusieurs endroits, dans les quartiers du centre et dans les communes annexées, conformément au tableau ci-contre.

Par les belles journées de printemps, avant que Paris se vide, ces marchés sont dans toute leur splendeur, les amateurs sont nombreux et empressés, et n'ont que l'embarras du choix entre les plantes bulbeuses fleuries, les roses printanières, les *Deutzia gracilis*, ornement favori des mois de Marie, les premiers Œillets, les Primevères de Chine et les Cinéraires dont la floraison se prolonge encore, les innombrables Giroflées, les Myosotis des Alpes, les Azalées de l'Inde qui sont en pleine saison, les Hoteïa, les Gardenias, les Mignardises et cent autres plantes variées. En même temps, les fleurs de Lilas à pleines brassées, le Réséda, les Narcisses des poètes appellent l'attention par leurs parfums, et les bourriches de Pensées, de Pâquerettes doubles, d'Anémones et de Renoncules invitent à garnir les jardinets de ville et les caisses juchées sur les fenêtres.

En plein été, les Reines-Marguerites tiennent le haut du pavé avec les Œillets de toutes nuances, les Glaïeuls aujourd'hui si prodigieusement variés de couleurs, les Agapantes, les *Gaura Lindheimeri* semblables à des papillons blancs, les Amarantes de toutes formes, les *Perilla* de Nankin au feuillage brun foncé, les *Lilium speciosum (lancifolium* des jardiniers) avec leurs variétés blanches et rouges, les Lis dorés du Japon à l'odeur si puissante, les Tubéreuses non moins parfumées, les

DÉSIGNATION DES MARCHÉS	EMPLACEMENT	JOURS ET HEURES DE TENUE
Marché en gros des fleurs coupées.	Halles centrales, sous les voies couvertes, entre les pavillons, 7, 8 et 10.	Tous les jours : 1° La criée, de 3 h. à 9 h. du m., du 1er Avril au 30 Sept. et de 4 h. à 7 h. du matin, du 1e Octobre au 31 Mars. 2° L'amiable de 3 h. à 8 h. du m. du 1er Avril au 30 Sept., et de 4 h. à 9 h. du m. du 1er Octobre au 31 Mars.
Marché de la Cité.	Quai Desaix, sur le terre-plein situé entre l'Hôtel-Dieu et le Palais du tribunal de commerce et sur les ponts et quais environnants.	Mercredis et Samedis.
Marché de Clichy.	Boul. de Clichy, entre la place Blanche et la rue Neuve-Fontaine	Lundi et Jeudis.
M. des Batignolles.	Boul. des Batignolles, en face le collège Chaptal.	Mercredis et Samedis.
M de la Chapelle.	Boul. de la Chapelle, en face la rue Pajol.	Mercredis et Dimanches.
M. de la Madeleine.	Sur les plateaux Est et Ouest de la place de la Madeleine.	Mardis et Vendredis.
Marché de Passy.	Sur le terre-plein situé en face du marché alimentaire, près la place de Passy	Mardis, Vendredis et Dimanches.
M. de la place de la République.	Place de la République.	Lundis et Jeudis.
Marché Raspail	Boul. Raspail, près de la pl. Denfert-Rochereau.	Jeudis et Dimanches.
Marché de la place Saint-Sulpice.	Place Saint-Sulpice.	Lundis et Jeudis.
Marché des Ternes.	Av. des Ternes, de l'av. Wagram à la rue des Acacias.	Mercredis et Samedis.
Marché Voltaire.	Place Voltaire.	Mardis, Vendredis et Dimanches.

De minuit à 10 heures du soir, du 1er Avril au 31 Octobre, et de minuit à 7 heures du soir, du 1er Novembre au 31 Mars.

A l'occasion des principales fêtes patronales de l'année, ces marchés tiennent en outre les 16 Janvier, 18 Mars, 23 et 28 Juin, 19 et 25 Juillet, 14, 15 et 27 Août, 3 et 18 Novembre et 15 Décembre.

Plumbago Capensis aux bouquets d'un bleu si tendre, les Rhodanthes, les Pervenches de Madagascar, le Gypsophyle et le Stevia qui donnent de la légèreté aux bouquets. Puis, dans les bourriches, les Mimulus, les Verveines, les Balsamines, les Agérates, les Lobélias, les Némophiles, toutes les charmantes fleurs annuelles de pleine terre.

L'automne est maintenant tout aux Chrysanthèmes.

En pots, en touffes arrachées, en fleurs coupées, ce sont elles qui tiennent toutes les places, et nul ne songerait à s'en plaindre tant elles sont jolies, variées et décoratives. Depuis les petites fleurs en pompon jusqu'aux larges têtes aux fleurons contournés, dites japonaises, elles ont toutes les formes régulières, symétriques, échevelées, en cocarde ou en aigrette, elles se prêtent à tous les emplois et présentent toutes les nuances les plus fraîches et les plus originales. Elles sont naines ou élancées, grêles ou touffues ; le savoir-faire de nos cultivateurs fait varier les fleurs de la grosseur d'un bouton d'or à celle d'une pivoine, la taille des plantes, de 30 centimètres à 2 mètres. On les groupe en massifs, en gerbes, en corbeilles ; on les emploie en fleurs isolées, et elles se prêtent à tous les usages, avec le mérite de se conserver longtemps : rien d'étonnant, par conséquent à ce qu'elles soient les reines de la saison.

Auprès d'elles cependant se voient encore quelques Asters en touffes ou coupées, ou en boutures de têtes, charmantes miniatures ; puis des Lauriers-tins, des Ellébores roses de Noël, et bientôt les Cyclamens de Perse qui commencent la série des plantes de serre à floraison hivernale. Vers Noël, on voit paraître les feuillages et baies d'hiver, le Mahonia bronzé par les froids, le Houx avec ses jolies graines rouges, le Fragon épineux, les touffes de Gui portant leurs baies visqueuses et, venant du Midi, les rameaux de Fusain du Japon et de Poivrier d'Amérique *(Schinus Molle)* avec ses grappes de graines roses.

Les plus grands froids ne découragent pas toutes les vendeuses de nos marchés en plein air. On en voit qui, avec des toiles épaisses, ferment leur boutique nomade et, au moyen d'un poêle en fonte, y maintiennent une température assez adoucie pour que les fleurs et les plantes vivantes s'y conservent sans dommage. D'autres s'installent simplement auprès de leurs voitures fermées et chauffées. Ce sont les intrépides du marché.

IV. Revendeurs et Fleuristes

Revendeurs. — La création de nouveaux marchés aux fleurs est une nécessité imposée par le goût sans cesse croissant que manifeste le public pour ces gracieuses productions de la nature. Mais il ne faut pas oublier non plus d'aller chercher à domicile, de relancer jusque chez lui l'acheteur, à qui le temps ou l'occasion font souvent défaut pour se rendre même au marché le plus proche, et qui, sans le passage quotidien des ambulants, ne con-

Fig. 6. — Les premières fleurs, d'après le tableau de M. L. de Schryver.

naîtrait pas les suaves agréments d'un bouquet sur sa cheminée ou d'un pot de fleurs sur sa fenêtre.

Un type qui commence à se perdre, c'est le marchand de fleurs muni seulement d'un panier ou d'un éventaire; mendiant plutôt que commerçant, il vous offre des Narcisses jaunes, des Violettes, fleurs communes et sauvages, cueillies dans les bois des environs de Paris et qui sont à la portée des bourses les plus modestes. Dans la hiérarchie des vendeurs de fleurs, ce déshérité de la fortune occupe la position sociale la plus inférieure.

Le marchand de fleurs vraiment populaire à Paris, c'est le marchand des quatre saisons. Celui-là est un vrai commerçant et fait preuve dans l'exercice de ses fonctions de beaucoup d'habileté et d'à-propos. L'individu qui désire exercer ce commerce et pousser devant lui, le long des trottoirs et dans les ruisseaux de Paris, une petite charrette chargée de denrées diverses, alimentaires ou odorantes, ne peut pas satisfaire ce désir aussi facilement qu'on le croirait au premier abord. La redevance qu'il paiera chaque semaine pour sa petite voiture s'élève à 5 francs; il doit de plus, payer un impôt et se procurer une médaille; il lui faudra enfin obtenir moyennant 20 centimes un permis de circulation. En règle avec l'administration, il pourra alors commencer ce commerce; il lui faudra aller aux halles de bon matin, surveiller attentivement les fluctuations du marché de façon à employer le plus avantageusement possible, son petit capital. Il doit par conséquent, changer l'objet de son commerce selon les circonstances, et selon les prix des denrées. Vous verrez rarement, parmi les roulants, des fleuristes toujours fleuristes, et des poissonniers toujours fidèles aux habitants des ondes. Le marchand des quatre saisons, doit suivre à la fois toutes les branches du commerce; le matin, aux halles, il parcourt tous les marchés et, selon l'occasion la plus favorable, charge sa charrette de Mimosas, de Choux-Fleurs ou de Harengs. Il peut même faire un mélange, *miscere utile dulci*, comme dirait le vieil Horace, et bien souvent il remarquera que le peuple parisien préfère l'agréable à l'utile.

Les roulants ont pour clientèle ordinaire tous ceux que leurs occupations ou leurs infirmités retiennent à la maison, les ménagères, les malades, les infirmes et aussi cette classe innombrable des indifférents, de ceux que tente l'occasion, lorsqu'elle se présente, mais qui n'iraient jamais la chercher. Ces petites voitures infatigables, portant, jusqu'au fond des quartiers les plus sombres de notre grande métropole, un rayon de la fraîcheur des champs, un souvenir des campagnes ensoleillées, sont pour l'ouvrier une consolation des plus appréciées. Aussi voyez quel est leur nombre; comme je disais tout à l'heure, il s'élève à 6000; 4000 voitures exploitant Paris même, tandis que 2000 parcourent la banlieue. Il s'en faut de beaucoup que ces 6000 voitures soient en même temps chargées de fleurs, mais toutes sont susceptibles, un jour ou l'autre, de s'en remplir, suivant les caprices du marché et le goût de leurs titulaires.

Jamais, si ce n'est quelques jours, pendant les rudes gelées de l'hiver, le marchand des quatre saisons n'interrompt son commerce ambulant. Lorsque la nature endormie ne lui offre plus que de rares produits, Roses de Noël, Violettes ou Giroflées jaunes, c'est alors que la saison du Midi bat son plein, et dans les nombreux envois expédiés de Provence à Paris, un tri judicieux exécuté comme je l'ai expliqué, par les commissionnaires, jette sur le marché, à bas prix, les fleurs d'une moindre valeur, et de la sorte, le marchand ambulant ne connaît pas de morte-saison. Toutes les fleurs du Midi abondent alors dans les petites voitures, Mimosas, Anthemis, Tulipes, Ail de Naples et Giroflées quarantaines ; et n'est-ce pas une grande joie que de pouvoir se les procurer quand la neige couvre le sol et que tout meurt autour de nous ?

Le retour du printemps et le réveil de la végétation est annoncé aux Parisiens par l'arrivage considérable de ces bouquets de Narcisses jaunes appelés *Coucous*, disposés en lourdes boules avec une touffe de feuilles en forme de houpe. Ces Narcisses, cueillis dans les bois de Vincennes ou la forêt de Senart, arrivent sur le marché en mars, en même temps que les Anémones. Plus tard, viennent les Jacinthes de Paris, simples ou doubles, les Jonquilles campernelles, les Narcisses des poètes ou Jeannettes, le Muguet de mai (fig. 7), la fleur aimée et impatiemment attendue, coupée en boutons encore verts, tant les récolteurs ont crainte de se laisser devancer par leurs concurrents.

A mesure que la saison devient plus chaude, les fleurs sont plus variées et plus abondantes ; le Lilas de

FIG. 7. — La cueillette du muguet.
Dessin de Lhermitte, emprunté à la *Vie rustique* d'André Theuriet.

pleine terre fait son apparition, accompagné des Mignardises, des premières Pivoines, du Seringat, des Boules de neige, des Œillets de poète et des Roses pompons.

L'été arrive avec le Lilas blanc, les Roses mousseuses, et les fleurs des prés, et les grandes bottes d'herbes gracieuses entremêlées de Marguerites, de Sauges et de Boutons d'or.

Puis commence une véritable avalanche de fleurs; elles arrivent de partout en quantités considérables et à des prix infimes, pour consoler ceux que leurs occupations empêchent de s'envoler hors de l'air embrasé des villes: Giroflées de toutes les couleurs, Reines-Marguerites de toutes formes et de toutes tailles, depuis les naines Pompons jusqu'aux géantes à fleurs de Chrysanthèmes ou d'Anémones, l'Œillet des fleuristes, une de nos fleurs les plus appréciées, les Pieds d'Alouette et les Lupins, les Pois de senteur et les Glaïeuls, les Dahlias enfin qui durent jusqu'aux gelées, remplacés bientôt par les Chrysanthèmes, cette fleur tant travaillée depuis quelque temps et qui donne maintenant de si merveilleux résultats. Les Chrysanthèmes ferment la série, après eux, c'est le Midi qui recommence jusqu'aux premières Violettes et aux premières Giroflées.

Et chaque année la même chose se reproduit, avec une différence cependant, c'est que chaque année le nombre des roulants s'augmente proportionnellement à celui des amateurs qui va sans cesse en croissant.

Kiosques. — Avant de passer au fleuriste en boutique, nous trouvons des industriels plus modestes qui exercent sur une moindre échelle le même commerce ; ce sont les concessionnaires de ces nombreux kiosques que l'on rencontre à Paris sur tous les boulevards un peu fréquentés. Cette boutique ou échoppe volante, varie de forme et de grandeur, mais ses dimensions sont toujours restreintes. Comme assortiment de fleurs coupées, nous retrouvons à peu près ce que nous avons vu sur les charrettes roulantes ; le fleuriste sédentaire peut cependant aborder quelques articles interdits aux ambulants. Dans un kiosque abrité du vent et du soleil, il peut conserver des fleurs délicates qui ne supporteraient pas le grand air ; il fait également le commerce des fleurs en pots, marchandise encombrante et peu transportable.

Souvent établis près de la porte des églises, ils se font une spécialité des fleurs qui doivent orner les autels et s'efforcent de mettre leurs marchandises à la portée des humbles fidèles dont la piété est ordinairement plus grande que la fortune.

Certaines fêtes sont particulièrement chéries par les petits fleuristes, ce sont celles des saints dont les noms sont populaires et par conséquent les homonymes nombreux. Chez nous, un souhait ne va pas sans un bouquet. Les humbles fleuristes établis dans les petites échoppes le savent bien, aussi beaucoup d'entre eux placent-ils très en évidence, chaque jour, au milieu de leur étalage, un petit écriteau rappelant à tous le nom du saint dont l'église célèbre la fête. Ceux qui font faire aux fleuristes les meilleures affaires sont, par ordre de date :

La Saint-Joseph.	19 mars.
La Saint-Jean.	24 juin.
La Saint-Pierre et Saint-Paul. . . .	29 juin.
La Saint-Vincent.	19 juillet.
La Sainte-Anne.	26 juillet.
La Sainte-Marie (Assomption). . .	15 août.
La Saint-Louis.	25 août.
La Saint-Augustin.	28 août.
La Saint-Charles.	4 novembre.

La veille de ces mêmes fêtes, les halles offrent une animation exceptionnelle, chacun augmentant ses provisions en vue des commandes plus nombreuses de la journée. Sur le quai aux Fleurs se tiennent également des marchés exceptionnels, dans ces circonstances.

Pendant le mois de Marie, le commerce des fleurs, des fleurs blanches surtout, Giroflées, Dahlias, Marguerites en arbres, Callas d'Ethiopie, Deutzias, etc., reçoit une impulsion considérable, dont les petits fleuristes sont presque seuls à profiter, car pour les fleurs d'église on ne s'adresse guère aux élégants fleuristes de nos grands boulevards.

Il n'est pas besoin de parler de la manière dont s'approvisionne le petit fleuriste; comme le marchand des quatre saisons, il va à la halle chaque matin; comme lui il doit veiller avec grand soin à l'emploi de son modeste capital, n'abordant que les articles dont les prix ne sont pas trop élevés.

Citons en terminant ces fleuristes établis aux abords des cimetières, soit d'une façon temporaire, aux environs de la fête des Morts, soit d'une façon permanente. Ces derniers ont surtout la spécialité des fleurs séchées, des couronnes d'immortelles impérissables comme le souvenir des désolés.

Fleuristes. — Les fleuristes ne sont pas, comme tous les revendeurs que nous venons de passer en revue, tributaires absolus de la halle. Sans doute, ils ne dédaignent pas de s'adresser quelquefois à ce marché gigantesque où se rencontrent des occasions exceptionnelles, mais, en géneral, ils préfèrent des produits plus rares et plus recherchés.

Ils ont presque toujours des serres et des jardins dans la banlieue ou même des fournisseurs attitrés à la campagne. Quelques-uns produisent eux-mêmes leurs plantes de serre, délicates et précieuses telles que les Orchidées. Pour le reste de leur approvisionnement, ils s'adressent aux commissionnaires qui choisissent à leur intention le dessus du panier dans tous les envois qui leur sont faits.

Dans la boutique du fleuriste, l'influence des saisons se fait beaucoup moins sentir que dans la voiture de l'ambulant; les assortiments changent avec les mois, mais jamais l'étalage ne reste vide.

Le public riche est avant tout amoureux des fleurs, et il est disposé à payer n'importe quel prix cet accompagnement indispensable de chacune de ses journées.

Avec de l'argent on arrive à tout : Les serres bien chauffées entourent les plantes d'un été perpétuel, activent leur végétation et leur floraison au gré de l'horticulteur, ou plutôt au caprice de l'acheteur ; les envois du Midi sont, pour ces fleuristes, une véritable ressource sans laquelle, pendant l'hiver, ils ne pourraient jamais satisfaire à toutes les commandes qui leur sont faites, même s'ils élevaient de moitié leurs tarifs.

Mais en dessous de ces sommités à la fois commerciales et artistiques qui sont, dans le monde des fleurs, les arbitres du goût, se trouve une quantité considérable de plus modestes boutiques dont les assortiments moins importants, moins variés, moins précieux, sont mis en œuvre avec tout autant de talent et d'adresse.

Compter les fleuristes actuellement établis à Paris, serait impossible. Le bottin lui-même n'y arrive point. En 1870, il n'en était que quarante-cinq ; en 1880, cent quatre ; en 1891, deux cents. Cette progression est significative, et cependant, elle est bien au-dessous de la vérité.

Sur le boulevard Saint-Germain, on compte huit ou neuf fleuristes, tandis que le bottin n'en mentionne qu'un. Sur les grands boulevards, la proportion est presque la même, et en l'étendant au reste de Paris, il n'est pas téméraire d'affirmer que le nombre des fleuristes établis s'élève à plus de cinq cents, et ce nombre va sans cesse en croissant à mesure que le goût des fleurs, d'abord l'apanage de quelques privilégiés de la fortune, devient un besoin pour tous.

Car, tous, nous voulons des fleurs; les fleuristes le savent et nous exploitent, et encouragent notre péché mignon; on en connaît qui, à ce petit jeu-là sont devenus millionnaires et leur merveilleux succès en entraîne beaucoup d'autres... Quoi de plus tentant que ce joli métier surtout s'il est en même temps lucratif?

Comme par instinct, les femmes se sont emparées de ce commerce, qui est un art, comme de tous ceux qui exigent le goût et l'habileté. Une jeune fille obligée de gagner son pain quotidien, au lieu d'ajouter une modiste à toutes celles qui se nuisent mutuellement par leur trop grand nombre, et se ruinent la santé à travailler jour et nuit au sixième étage de nos maisons parisiennes, prendra une boutique de fleuriste, bien claire et gaie, et se mettra à l'œuvre; si ses doigts sont habiles à manier l'aiguille, à froncer les soies, à chiffonner les dentelles. à disposer artistiquement la garniture d'un chapeau, ils auront vite acquis le talent merveilleux de composer les fleurs, d'assortir leurs nuances, de redresser leurs tiges dans des poses naturelles et d'en faire valoir toute la beauté : le talent est tout; il rehausse la valeur propre des fleurs et, au besoin, y supplée.

Les fleuristes suivent et suivront le sort des modistes. Dans le temps où nos arrière-grand'mères confectionnaient elles-mêmes leurs toilettes, une robe avait le prix de l'étoffe qui la composait.

Actuellement, nous avons de véritables artistes qui jouent avec les étoffes comme le peintre avec ses couleurs. et vendent très cher leurs productions quelle qu'en soit la simplicité. La fleuriste est en voie d'obtenir une pareille notoriété. Peu lui importe la valeur de la matière première, donnez-lui les fleurs les plus ordinaires et son bouquet aura toujours une grâce et un cachet personnel qui n'est l'apanage que de quelques-unes, mais ces quelques-unes peuvent être sûres qu'elles ont une fortune entre les doigts.

Car, comme je viens de le dire, le commerce des fleurs n'est pas un commerce ordinaire et il exige un véritable talent, une aptitude innée, et qui n'est jamais remplacée par les trucs artificiels du métier.

Arrêtez-vous un peu devant les étalages des fleuristes que vous rencontrerez ; à part quelques produits rares que vous verrez seulement chez les faiseurs en renom, partout vous verrez les mêmes fleurs, les mêmes Roses, les mêmes Lis, les mêmes Azalées, les mêmes Œillets. Mais considérez l'arrangement des fleurs, les bouquets, les corbeilles et les massifs, et vous ne tarderez pas à reconnaître la façon merveilleuse dont une imagination éveillée et une main habile peuvent faire valoir les trésors de grâce et d'harmonie que nous présentent les fleurs. Cette part du génie personnel est si réelle que les plus grandes fleuristes, qui sont presque de grandes dames, et sont entourées d'aides adroites et intelligentes, ne manquent pas, chaque matin, de présider à l'arrangement de l'étalage, mettant elles-mêmes la main à l'œuvre lorsqu'il en est besoin ; elles surveillent également la confection des principaux chefs-d'œuvre.

Aussi, leurs devantures sont-elles un vrai régal pour

Fig. 8. — Devanture d'un grand fleuriste.

Figure communiquée par la Maison Lachaume.

la vue, avec leurs larges vitres qui laissent admirer, dans toute leur splendeur, alors qu'il neige au dehors, les éblouissantes productions d'un climat moins sévère ; et, le soir, ces boutiques brillamment éclairées, montrant par transparence les vives couleurs des fins pétales, ne sont-elles pas un des plus beaux ornements de nos boulevards ?

Et ne saisissons-nous pas avec bonheur toutes les occasions de pénétrer dans ces jolies boutiques claires, tièdes, où, dès l'entrée, une bonne odeur de mousse fraîche vous saisit et vous fait penser aux grands bois?

Mais c'est pour les yeux surtout qu'est l'enchantement. De tous côtés, aux fenêtres, sur les tablettes, sur les supports, dans des appliques ou des corbeilles suspendues, s'étale, se dresse, pend et retombe tout ce que l'art du jardinier peut produire de plus frais, de plus éclatant, de plus gracieux et de plus parfumé.

Les Palmiers et les grandes Fougères, dont les frondes montent jusqu'au plafond, abritent les Azalées et les Rhododendrons, les Dracœnas aux larges feuilles colorées, les Bouvardias et les Stephanotis; les Clivias aux larges feuilles rubanées et aux fleurs oranges, les Poinsettias dont la collerette de bractées rouge vif entoure les petits fleurons jaunes.

Dans les hauts vases étroits, les gerbes de Lilas blanc alternent avec les bottes de Roses. Aux fenêtres, entre les petits Araucarias symétriques et les larges Cycas, s'entassent les bottes d'Anémones, de Jacinthes, de Narcisses, suivant la saison, tandis qu'une foule de récipients variés contiennent, disposées avec goût, les plantes bulbeuses, le Muguet blanc ou rose, les Cyclamens à grandes fleurs, si étonnamment perfectionnés de nos jours. Des Broméliacées variées, *Tillandsia*, *Vriesia*, *Aechmea*, garnissent les suspensions avec les Epiphyllums aux fleurs carminées, et les Bégonias ou Sédums sarmenteux.

Partout se voient les Orchidées si bizarres, si variées et si belles qui sont en train de conquérir une place de premier ordre dans la décoration florale.

Dans de petites corbeilles simples remplies de mousse fraîche sont disposés les Gardénias, les Camélias, les Œillets ou les Violettes de Parme destinés aux boutonnières, et partout la verdure des Sélaginelles, des Fougères, des Isolepis se mêle agréablement aux teintes vives des fleurs. Et au milieu de toutes ces jolies choses, les aides de la fleuriste circulent, actives, simplement vêtues de robes noires, et montant des fleurs ou nouant des bouquets de leurs doigts agiles, tout en s'occupant de servir les acheteurs.

Et les saisons se succèdent, sans que les variations de la température aient une influence bien marquée sur l'approvisionnement des grands fleuristes.

Les envois des fournisseurs arrivent ordinairement au fleuriste l'après-midi ou le soir. Les fleurs sont triées et mises dans l'eau où elles se refont pendant la nuit pour être employées fraîches le lendemain. L'étalage est ordinairement composé de pièces de premier choix, de bouquets, vases garnis, corbeilles richement ornées, et le passant en les voyant, se dit : « Que vont devenir ces jolies fleurs si personne n'achète avant ce soir ces compositions magnifiques et dispendieuses? » Rassure-toi, passant bénévole. Le fleuriste est économe et prudent; il met à sa devanture les pièces qui lui ont été commandées pour la soirée, et qu'il est sûr, de la sorte, de ne pas voir lui rester sur les bras; il a, d'ailleurs, des arrangements avec des fleuristes un peu moins haut placés que lui à qui il cède les fleurs fatiguées par une journée d'exposition, ou le second choix trié dans les envois qui lui sont faits. Ces pauvres fleurs feront encore le bonheur de beaucoup, car tous les artifices sont employés pour leur rendre leur fraîcheur et leur rigidité de tenue. Les joncs qui les allongent, les fils de fer imperceptibles qui les soutiennent, les tampons de mousse qui les tiennent écartées, sont employés tour à tour ou simultanément. Mais plus les fleurs sont fraîches, belles et parfaites, moins ces trucs sont nécessaires et les bouquets de haut luxe sont toujours les plus simples; les fleurs en sont peu nombreuses, mais de premier choix et se tiennent elles-mêmes, gracieuses et fermes, sans la moindre sophistication, sans le moindre artifice de métier.

Il y aurait beaucoup à dire sur ce qu'on peut appeler les accessoires d'un bouquet, c'est-à-dire le vase, la corbeille, le panier, le support qui doit le contenir, les rubans qui en dissimulent les queues et en font ressortir l'éclat.

La vannerie et la poterie artistique reçoivent une

vigoureuse impulsion par le fait de la faveur dont jouissent les fleurs, et elles doivent à cette circonstance l'essor considérable qu'elles prennent en ce moment. Pour les rubans, ils sont les accessoires obligés de toutes les compositions à grand effet. Ces nœuds énormes, un peu tapageurs et ébouriffés, sont d'un bel effet autour d'une belle corbeille de roses; mais le choix des nuances demande un goût très délicat et une connaissance des études de M. Chevreul sur les couleurs complémentaires[1]. Nos fleuristes ont, en général, ce talent merveilleux d'adapter les nuances des rubans aux teintes des fleurs et des feuillages employés.

V. Généralités sur la Production

Provenance des Fleurs

D'où viennent les fleurs?

Nous avons vu les fleurs arriver chaque jour, en véritables cargaisons, sur le marché de Paris, et nous avons constaté qu'elles provenaient de deux sources bien distinctes : la culture du Midi et la culture locale; il convient maintenant d'étudier un peu plus en détail ces foyers de production.

[1] Voyez Chevreul, *Des couleurs et de leurs applications industrielles*, 1888.

Il n'est pas besoin de sortir de Paris pour trouver les premières manufactures de fleurs, si l'on peut ainsi parler. Le Rosier forcé est cultivé sur plusieurs points des faubourgs, à Grenelle, à Vanves, à Montrouge et dans l'avenue de Chatillon.

Chacune de ces localités a, de plus, sa spécialité. A Montrouge, on élève des Tulipes, Narcisses, Tubéreuses et Jacinthes; l'avenue de Chatillon a le monopole des Orchidées, tandis que Vanves et Grenelle se partagent la production des Bouvardias. Charonne et le boulevard d'Italie abritent les cultures d'Orangers; à Picpus, on force le Réséda et les Giroflées; à la Glacière, les Héliotropes et les Cyclamens.

Quant aux communes suburbaines, elles sont pour la plupart couvertes de jardins destinés à l'approvisionnement de Paris. Ivry nous envoie ses plantes bulbeuses; Bagneux, son Muguet et ses Hoteïas; Montreuil, ses Camélias, Gardénias, Azalées, Hortensias, Cyclamens; Fontenay-sous-Bois, ses Primevères de Chine et ses Cinéraires, hybrides, tandis que la culture de la violette de Parme et des quatre saisons est très répandue au sud de Paris, du côté de Bourg-la-Reine, Sceaux et Verrières.

Comme on le voit, ces cultures sont tout à fait localisées; les grands horticulteurs sont des spécialistes s'appliquant entièrement à une seule culture, ce qui leur permet d'atteindre une perfection qui leur serait inaccessible s'ils éparpillaient leur attention et leurs efforts; ils peuvent, d'ailleurs, de la sorte, avoir un matériel spécial approprié aux plantes dont ils s'occupent.

Il s'en faut beaucoup qu'un jardin de fleuriste offre aux yeux le même spectacle agréable que les jardins d'ornement. Disposé uniquement au point de vue du rapport, il ne présente pas ce relief merveilleux que les effets de perspective, le mélange des couleurs, la gradation des tailles, la forme harmonieuse des corbeilles, comme aussi l'ombre discrètement répandue des grands arbres, ajoutent, dans nos parterres à la beauté intrinsèque de chaque fleur. Le terrain est divisé en planches affectant généralement la forme de rectangles et séparées par des sentiers permettant de circuler pour les besoins de la culture. Quant à la répartition de ces planches entre les diverses cultures, elle varie avec chaque horticulteur; ordinairement, on préfère mettre les unes auprès des autres les plantes qui exigent les mêmes soins aux mêmes époques, de façon à épargner, autant que possible, les pertes de temps causées par les allées et venues, et simplifier le travail. Les diverses variétés d'une même plante, séparées par couleurs et tailles offriront à l'œil un spectacle moins satisfaisant, mais présenteront de grands avantages au moment de la cueillette.

Les cultures forcées, dont je dirai plus tard quelques mots, sont encore moins faites pour la beauté extérieure ; elles sont établies le plus souvent dans les terrains vagues des quartiers excentriques de Paris ou dans la banlieue ; ces terrains achetés autrefois à des prix assez modérés, si l'on considère leur proximité du centre, ont augmenté de prix d'une façon notable depuis les accroissements successifs de la capitale, et les horticulteurs, maintenant dans l'impossibilité de les étendre, entourés de toutes parts par les propriétés bâties, utilisent la moindre place avec une sagacité admirable, alignant leurs rangées de bâches, serrées et bien pleines, recouvertes par l'uniformité grise des châssis.

La culture des fleurs s'unit, d'ailleurs, parfaitement, au point de vue économique, à celle des légumes. Il n'est pas aux environs de Paris de petit maraîcher qui n'ait dans son potager quelques planches consacrées aux fleurs, et même quelques châssis et quelques paillassons, outillage nécessaire et suffisant pour la culture forcée. Certes, il n'entreprendra pas de prodiguer aux Orchidées ou aux Roses les soins minutieux qu'elles exigent, mais il entretiendra, pendant les frimas, des Roses de Noël, des Violettes des quatre saisons, des Giroflées, des Héliotropes dont il trouvera facilement l'écoulement dans son quartier ou sous les petits marchés ; souvent même, en chargeant une petite charrette, il les vend directement aux consommateurs, mais n'envoie presque jamais ses fleurs aux Halles.

L'approvisionnement des Halles est reservé aux horticulteurs qui font la culture sur une plus grande échelle, et tels qu'on en trouve tant aux environs de Paris. Ces cultivateurs apportant eux-mêmes, chaque soir, leurs fleurs aux Halles, et ne pouvant ordinairement pas se donner le luxe de deux chevaux, l'éloignement d'une culture destinée au marché de Paris se trouve de la sorte très limité. Il ne doit pas être supérieur à la distance qu'un cheval peut parcourir tous les jours de la saison, aller et retour, sans succomber à la peine. La limite extrême de ces cultures est à Brie-Comte-Robert qui se trouve déjà à 25 kilomètres de Paris.

VI. Le Transport des Fleurs

La valeur vénale des fleurs dépend en grande partie de la façon plus ou moins habile dont elles ont été disposées dans le transport, et un mauvais emballage fait souvent perdre à un envoi une partie de son prix.

Pour les fleurs que les horticulteurs apportent eux-mêmes à la Halle, l'emballage est primitif ou nul ; les fleurs coupées sont attachées ensemble de façon à former de grosses bottes, ou disposées simplement dans des paniers d'osier vulgaires que les propriétaires remportent chaque matin après la vente.

Les producteurs de Paris ou des environs, fournisseurs attitrés d'un grand fleuriste, ont souvent des voitures spéciales, sorte de wagonnets ressemblant à des voitures de laitiers; les plantes en pots sont disposées par 8 ou 10 sur des planches munies d'un rebord et de deux poignées qui permettent le déchargement rapide. Ces planches sont placées sur le sommet de la voiture ; au-dessous, dans des paniers plats, sont couchées les fleurs coupées, garanties soigneusement du soleil et de la poussière.

Mais où la question de l'emballage devient tout à fait capitale, c'est dans les envois faits du Midi. A quoi nous servirait cette immense serre chauffée par la nature, qu'on appelle la Provence, si nous ne pouvions, dans leur fraîcheur, en recevoir les jolies fleurs qu'elle voit éclore ? Du temps où la malle-poste mettait huit jours de Nice à Paris, les fleurs n'auraient pas supporté un tel voyage. Il y a vingt-cinq ans même, un bouquet de fleurs fraîches envoyé du Midi faisait sensation à Paris, et, en recevoir régulièrement pendant l'hiver était un luxe payé cher ; c'est que les fleurs faisaient alors le trajet en quarante-huit heures.

Depuis ce moment, la vapeur a fait des progrès ; la durée du voyage fut d'abord réduite à trente-six heures, maintenant elle est de vingt et une heures seulement. Une fleur cueillie le matin à Nice ou à Cannes, emballée, expédiée vers 11 heures, arrive le lendemain à midi chez le fleuriste de Paris.

Cette rapidité, permettant à la fleur d'arriver avec toute sa fraîcheur, est une condition *sine quạ non* de la production méridionale, ou, du moins, de son écoulement.

La compagnie Paris-Lyon-Méditerranée l'a si bien compris qu'elle a établi des facilités exceptionnelles de transit en faveur de ces colis spéciaux, en leur donnant place dans les fourgons de ses trains-éclairs. Mais si P.-L.-M fait de la sorte une gracieuseté aux amateurs de fleurs et aux producteurs, elle se prépare en même temps d'excellentes affaires. Elle sait que plus les transports seront faciles, plus les envois seront nombreux, car Paris est insatiable ; et ce transit de plus en plus important, progressant chaque jour, tout en faisant la richesse des Provençaux et la joie des Parisiens, ne peut que tourner à l'avantage de ceux qui le facilitent aujourd'hui.

Malgré cette prodigieuse rapidité de transport, les fleurs sont entourées de tous les soins imaginables. Le Midi a la spécialité des paniers en roseaux, sorte de mannes larges et plates. La carcasse est en osier, mais les parois et le couvercle sont formés par des lames de roseaux fendus, très flexibles et très légères. Le poids du colis se trouve de la sorte considérablement diminué. On emploie aussi pour les envois moins importants, des boîtes à base elliptique, en bois très léger, avec un couvercle semblable.

La mise des fleurs en boîtes ou en paniers demande beaucoup d'habitude et de dextérité. Il ne faut pas craindre de les serrer beaucoup pourvu qu'on ne les froisse pas et qu'on ne donne pas de faux plis aux pétales. Si le colis est bien compact et bien rempli, les fleurs se conservent plus fraîches et ont moins à redouter des chocs qui se produisent pendant le transport. Le fond du panier a été préalablement couvert de larges feuilles ou d'un mince papier de soie ; on en place également sur le dessus pour préserver les fleurs du rude contact des roseaux ou du bois, puis le colis fermé est expédié aussitôt.

A leur arrivée à Paris, on prodigue aux fleurs les soins nécessaires ; on les place dans l'eau après avoir eu soin de couper l'extrémité des tiges vides de sève, et, le lendemain, elles ont recouvré toute leur primitive splendeur.

J'ajoute encore un mot sur l'emballage des Glaïeuls. Pour le transport des rameaux de Glaïeuls on a imaginé des caisses en bois de la longueur des épis et pouvant en contenir de 3 à 5 douzaines. Ces caisses, à peu près aussi larges que profondes portent sur leurs longues faces trois rainures de chaque côté, rainures formées par deux baguettes clouées côte à côte. Des quatre compartiments ainsi formés, ceux des extrémités sont plus étroits que les deux autres. Pour emballer les Glaïeuls, on place de la mousse fraîche au fond d'un des compartiments extrêmes puis on dispose les rameaux côte à côte, la base de la tige reposant sur la mousse et les fleurs regardant en haut. Quand le fond de la caisse est complètement garni, on recouvre de mousse la base des tiges, puis on place dans chacune des rainures une baguette transversale soutenue par un petit tasseau en bois assez élevé pour qu'un second rang de fleurs puisse être disposé par dessus le premier sans presser celui-ci.

On recommence ensuite la même opération, le second lit de rameaux reposant par le dos sur les trois baguettes transversales, et ainsi de suite, jusqu'à ce que la caisse soit pleine. On n'y met ordinairement pas plus de quatre lits superposés.

VII. Cultures sous verre en général

Depuis la découverte du verre, les serres sont connues ; les anciens comme les modernes les ont utilisées pour abriter les plantes délicates, sans se rendre compte des phénomènes physiques qui leur venaient en aide. Non seulement le verre, disposé comme une cloison protectrice autour de la plante, la défend aussi bien que toute autre matière contre l'atmosphère extérieure, mais encore il a la propriété de se laisser traverser par la chaleur lumineuse, tandis qu'il s'oppose au passage de la chaleur obscure. C'est ce phénomène qui est utilisé dans les serres, cloches et châssis. La chaleur émise directement par le soleil en même temps que les rayons lumineux, pénètre dans la serre; la lumière n'étant pas réfléchie par les surfaces mates du sol et des feuilles se perd, tandis que la chaleur devenue obscure trouve à la sortie porte close, et force lui est de hâter le développement des plantes qui partagent sa captivité.

Dans les châssis, cette chaleur naturelle est seule employée; lorsque le soleil se cache, on les couvre de paillassons pour s'opposer à la moindre déperdition de calorique; les serres, au contraire, sont munies d'appareils qui suppléent à grands frais aux rayons solaires; des foyers à charbon de terre y entretiennent, quel que soit l'état de pureté de l'atmosphère, une température constante.

Tels sont les procédés employés, très en grand, par les horticulteurs de Paris. Si l'on est impuissant à dresser l'état civil de la culture de pleine terre, on connaît du moins le nombre de ces grands chauffeurs qui n'est pas inférieur à quatre ou cinq cents ; arrivés, chacun dans leur spécialité, à une rare perfection, ils sont la gloire de l'horticulture française en même temps que les fournisseurs très rémunérés du riche public parisien.

Ces quatre ou cinq cents horticulteurs emploient deux mille cinq cents à trois mille serres ou groupes de vingt châssis se répartissant, à peu près de la façon suivante, les différentes cultures :

	PRODUCTEURS		SERRES OU BACHES	
Lilas..	30	employ.	300	Vitry, Montreuil-s.-Bois, Montrouge.
Roses.	15	—	400	Villeneuve, Santeny, Montrouge, Vanves, Grenelle, av. de Chatillon.
Plantes bulbeuses.	12	—	60	Ivry et Montrouge.
Bruyères, Fougères.	15	—	500	Vincennes.
Plantes à feuillage.	50	—	230	Versailles.
Plantes fleuries. .	300	—	1200	Chevreuse, Fontenay, etc.
Camélias. . . .	10	—	25	Montreuil.
Azalées.	30	—	50	Versailles, Vincennes, Montreuil-s.-bois.
Gardenias. . . .	5	—	15	Montreuil.
Orangers. . . .	1	—	7	Paris.
Orchidées. . . .	10	—	15	Versailles, Le Vésinet, av. de Chatillon.
TOTAUX (environ).	458	—	2822	

VIII. — Culture du midi

Ce que nous appelons la région du Midi s'entend de tout le territoire qui se trouve au sud d'Orange, comprenant par conséquent la basse vallée du Rhône et le littoral de la Méditerranée ; plus spécialement encore, on nomme Midi la partie française de la rivière de Gênes entre Hyères et Vintimille.

Le climat très particulier de cette région tient à plusieurs causes : en première ligne à la persistance de l'action solaire qui n'est entravée par les nuages que pendant un jour sur quatre en moyenne; la douceur du climat est due en outre, à la disposition des vallées qui ne sont pas ouvertes sur la côte et y arrivent obliquement. Entre elles et la mer se trouvent des collines exposées au midi et très favorables, par conséquent, aux cultures qui exigent beaucoup de chaleur.

Cette disposition des collines et des vallées a pour effet de les garantir presque complètement contre les vents froids du nord, particulièrement contre le terrible mistral qui, un peu plus au nord, détruit toutes les plantes délicates. Le vent qui souffle de la mer, apportant avec lui la chaleur des côtes africaines, ne trouve au contraire nul obstacle; le voisinage immédiat de la mer égalise toujours la température d'une contrée, car la masse énorme des eaux ne se refroidit que très lentement en cédant sa chaleur aux terres voisines. Si l'on considère que la température de la Méditerranée, sur nos côtes, ne s'abaisse jamais au-dessous de 9°, on comprendra sans peine la douceur extrême du climat provençal.

De tout temps, on a cultivé sur le bord de la Méditerranée, les plantes qui ne viennent pas dans les environs de Paris, mais pendant longtemps ces précieuses cultures n'ont été faites que pour l'amusement et le plaisir des indigènes ; il était bien rare qu'un bouquet de fleurs de Nice parvînt à Paris, et pour jouir des fleurs au cœur de l'hiver, il fallait le faire sur place.

L'ouverture des chemins de fer a marqué le commencement d'une ère nouvelle pour la culture florale du Midi. Dès que les horticulteurs provençaux ont pu écouler leurs fleurs sur Paris, et sur les grandes villes du nord de l'Europe, ils ont donné aussitôt une grande extension à leurs cultures, et leur nombre s'est sans cesse accru à mesure que le goût et, pour ainsi dire, le besoin des fleurs s'est développé parmi nous.

La culture faite sous verre à Paris ou dans les environs ne peut pas lutter contre l'abondance et le bon marché des envois faits de Nice ou de Cannes ; sans diminuer sa production, elle l'a portée sur certaines spécialités où elle n'a pas à craindre la concurrence du Midi ; elle s'est spécialisée sans se restreindre.

Pendant tout l'hiver, et presque sans soin, fleurissent dans le Midi, les Roses, les Œillets, les Anthémis, les Giroflées, les Anémones et diverses autres plantes dont

Fig. 9. — Voiture ornée pour une bataille de fleurs à Cannes.

les envois, très régulièrement faits par les horticulteurs aux commissionnaires des halles, alimentent le marché parisien, alors que les horticulteurs des environs n'y apportent presque aucun appoint. Les Acacias, que nous appelons *Mimosas*, ces grands arbres à croissance rapide et à feuillage pâle portant comme fleurs des grappes de petites boules jaunes, sont envoyés en quantités considérables à Paris ; il est facile d'en hâter la floraison en chauffant des branches coupées encores vertes.

Les plantations de Narcisses et de Jacinthes romaines ont toujours été faites en vue de la multiplication des bulbes dans les environs de Nice ; les producteurs y trouvent actuellement un double profit, la vente des fleurs pendant l'hiver, qui ne fait aucun tort à celle des bulbes.

Un caractère très particulier de la culture du Midi, c'est le grand emploi qu'on y fait d'abris de toutes sortes ; les mêmes raisons qui causent la grande chaleur des jours produisent aussi l'extrême fraîcheur des nuits. Le ciel étant toujours très pur, rien ne viendrait s'opposer au rayonnement indéfini du sol et des plantes, c'est pourquoi on a toujours abrité ces dernières par des paillassons grossiers de roseaux qui servent également à protéger les fleurs délicates contre les ardeurs cuisantes du soleil.

Depuis quelque temps les châssis vitrés ont fait leur apparition et sont maintenant presque exclusivement employés. Le soleil seul est chargé de les chauffer et, à part quelques rares établissements, on ne lui adjoint aucun foyer artificiel, mais comme il brille presque toujours, l'atmosphère qui environne les plantes sous verre est toujours suffisamment réchauffée.

Ce n'est pas seulement pour l'exportation vers le Nord que les fleurs sont produites sur le littoral. Il s'en fait un grand commerce sur place. Les étrangers qui viennent de plus en plus nombreux passer l'hiver au soleil en achètent de grandes quantités, et quand viennent les jours de « batailles de fleurs », c'est par charretées qu'elles sont mises en réquisition pour l'ornementation des voitures (fig. 9) et pour servir de munitions dans les combats qui se livrent sur la promenade des Anglais ou sur le boulevard de la Croisette.

Deuxième Partie

LES FLEURS UTILISÉES POUR L'ORNEMENTATION

Il n'est pour ainsi dire pas de fleurs qui ne puissent être utilisées pour l'ornementation et, par conséquent, qui ne soient susceptibles d'être cultivées pour la vente. Mais les dimensions de ce volume n'en permettraient qu'une énumération sèche et aride si l'on voulait les mentionner toutes. Il a donc paru préférable de ne citer que les plus intéressantes, celles qui font, dès maintenant, l'objet d'un certain commerce ou qui méritent manifestement d'être adoptées par les producteurs. Des ouvrages spéciaux, plus développés, pourront être consultés pour la connaissance des fleurs d'amateurs.

On a réuni ici, par catégories distinctes, les plantes *annuelles*, *bisannuelles*, *vivaces* et *bulbeuses* qui se cultivent en pleine terre aux environs de Paris. Cette répartition des diverses espèces répond à celle qu'on en doit faire entre les divers carrés du jardin dans un établissement industriel où il y a intérêt à grouper ensemble les végétaux qui, à une même saison, réclament des soins analogues. Dans le jardin d'agrément, au contraire, le mélange des plantes de diverse durée donnera souvent lieu à d'heureux contrastes.

I. Plantes annuelles

On a l'habitude de désigner sous ce nom les végétaux qui accomplissent dans le cours d'une seule année toute leur végétation, de la germination à la maturation des graines. Au point de vue de la production des fleurs à couper, on peut regarder comme annuelles beaucoup de plantes vivaces qui fleurissent l'année même du semis. Tels sont les *Ageratums* par lesquels nous allons commencer l'énumération des plantes à fleurs, les *Petunias*, le *Reseda*, qui, dans leurs pays d'origine, vivent plusieurs années.

Il faut distinguer, au point de vue de la culture, les plantes annuelles *vernales* et les plantes annuelles *automnales*.

Les premières, semées au printemps, fleurissent et grainent avant l'hiver. Les secondes, semées à la fin de l'été ou en automne, fleurissent au printemps suivant et mûrissent aussitôt après leurs graines qui ont eu temps de germer et de commencer leur végétation avant la fin de la belle saison. Ces plantes accomplissent leur existence entière en moins de douze mois, elles sont donc franchement annuelles, mais elles sont à cheval sur deux années du calendrier. On les désigne quelquefois sous la rubrique de plantes *annuelles et bisannuelles*, mais cette désignation n'est pas complètement juste, car les véritables plantes bisannuelles sont celles qui ont besoin d'une année entière pour la première partie de leur végétation, et qui ne fleurissent au printemps qu'à la condition d'avoir été semées au printemps précédent comme les *Campanules Carillon*, les *Digitales* et les *Œillets de poète*.

Principales espèces et variétés

Agerates. *Ageratum Mexicanum* et variétés. —

Fig. 10. — Agerate du Mexique (*Ageratum mexicanum*).

Composée du Mexique, à fleurs réunies en petits pompons d'un bleu grisâtre dont l'ensemble forme des bouquets en forme d'ombelles, assez légers et d'un très joli effet en mélange avec des fleurs à coloris vifs.

Sensible au froid sous le climat de Paris, l'Agerate du Mexique est néanmoins une excellente plante annuelle de pleine terre, extrêmement facile à élever et à cultiver, fleurissant abondamment et continuellement depuis le commencement de l'été jusqu'aux gelées. Conservé en pot ou en pleine terre dans une serre froide ou tempérée, l'Agerate du Mexique donne tout l'hiver une floraison abondante.

Les variétés à hautes tiges sont les plus vigoureuses et les plus recommandables pour la confection des bouquets ; on les reproduit facilement par semis. Quelques variétés sont presque complètement stériles et se multiplient par boutures.

Le semis se fait en mars-avril, sur couche tiède, et l'on met en place en mai-juin ; ou bien on sème en août-septembre, et le plan doit être hiverné dans une bâche tiède ou en serre froide.

Célosies à panaches. *Celosia cristata*, var. (fig. 11.) — Ces belles plantes représentent une variation rameuse et légère de la Célosie en épis, dont les Crêtes de coq sont, au contraire, une forme compacte et fasciée.

Ramifiées depuis la base, les Célosies à panaches portent sur chaque pied, de six à vingt rameaux terminés par un panache souple et léger de bractées luisantes de couleur cramoisi, rouge feu, violacé, orange ou jaune vif qui ont des tons chatoyants et presque métalliques. Comme toutes les plantes de la famille des Amarantes, les Célosies à panaches demandent beaucoup de chaleur.

On les sème de février en avril, sur couche chaude, et

Fig. 11. — Célosie à panaches (*Celosia*, var. *plumosa*).

on les replante deux mois après sur une autre couche où on les espace assez pour qu'elles puissent y rester à demeure. La floraison se prolonge de juillet, ou du commencement d'août, jusqu'à l'arrivée des froids.

Les rameaux peuvent servir frais pour toutes sortes

de bouquets et de décorations. Rapidement séchés à l'ombre, ils gardent bien leurs couleurs et peuvent être utilisés avantageusement pour les bouquets d'hiver.

Centaurée barbeau, Bleuet commun et var. *Centaurea cyanus*. — Le vrai Bleuet des blés est de toutes les fleurs indigènes, une de celles qui ont été le moins modifiées par la culture. A vrai dire, il n'existe pas de différence appréciable entre le Bleuet bleu cultivé, et

Fig. 12. — Bleuet varié (*Centaurea cyanus*, var.).

celui qui se trouve parfois en excès dans les champs de céréales peu sarclés. Mais la culture a produit à côté de la forme bleue, restée malgré tout la plus populaire et la plus appréciée de toutes, une série de variétés allant du blanc pur au brun ardoisé en passant par le rose, le rouge brique et toutes les nuances du bleu et du violet. Les formes blanches à centre bleu et à centre rose sont des plus jolies.

On commence à cultiver des Bleuets à fleurs doubles, chez lesquels le nombre des fleurons à corolle développée est plus grand que dans la forme commune, on y trouve quelques coloris un peu différents de ceux des Bleuets simples.

La culture des Bleuets est des plus aisées. On peut les semer de février en avril, en place, et la floraison en a

FIG. 13. — Bleuets à fleurs doubles (*Centaurea cyanus*).

lieu en été. Ou bien on les sème au mois de septembre, soit en place soit mieux en pépinière, pour les mettre en place, en motte, an printemps. La floraison des Bleuets est très prolongée, c'est une fleur qui est toujours recherchée. L'hiver passé, elle faisait fureur.

Centaurée déprimée. *Centaurea depressa.* — Proche parente du Bleuet commun, la Centaurée déprimée est une plante plus basse, plus ramifiée, plus velue dans toutes ses parties. Les fleurs en sont bleues, roses ou blanc carné ; elles diffèrent à peine par la forme et par les dimensions de celles du Bleuet ordinaire. En Provence, on cultive, l'hiver, cette plante qui passe pour fleurir plus abondamment et plus régulièrement que le Bleuet.

Fig. 14. — Chrysanthème de Burridge (*Chrysanthemum carinatum tricolor*, var. *Burridgeanum*)

Chrysanthème à carène. *Chrysanthemum carinatum.* — Franchement annuelle et d'une végétation rapide, cette espèce a produit, par la culture, de nombreuses variétés à fleurs simples et à fleurs doubles.

Les premières sont les plus nombreuses et présentent

des variations de coloris fort étendues allant du blanc pur et du jaune au brun acajou le plus foncé. D'autres sont panachées de deux ou trois couleurs par anneaux concentriques : tel est le *Chrysanthème tricolore de Burridge* (fig. 14).

Les variétés à fleurs doubles sont également fort ornementales; les fleurs ont individuellement plus de durée que les fleurs simples.

On sème ces plantes d'avril en mai, sur place ou en pépinière. La floraison se prolonge pendant toute la belle saison.

FIG. 15. — Clarkia pulchella.

Clarkias. *Clarkia pulchella* (fig. 15) et *Clarkia elegans.* — Ces deux jolies plantes annuelles sont originaires de la Californie ; elles ont, en commun, le mérite d'une végétation rapide, d'une floraison abondante et d'une élégance remarquable.

Fig. 16. — Clarkia élégant double (*Clarkia elegans flore pleno*).

Il existe de très nombreuses variétés de Clarkia, soit à fleurs simples, soit à fleurs doubles. Parmi ces dernières, il y a des races à fleurs très pleines, presque aussi grandes que des fleurs d'œillet ou de balsamine.

La couleur primitive de la plante est un rose lilacé, mais la culture a fixé des variétés blanc pur, rose vif, rouge sang, ainsi que des variations diversement bordées de blanc sur fond coloré.

Le Clarkia élégant (fig. 16), à fleur moins grande et moins joliment découpée, a par contre des rameaux plus longs et plus fournis.

Les deux Clarkias se sèment en place d'avril en juillet, et, par des semis successifs, donnent des rameaux fleuris de juin en octobre. La culture en est extrêmement simple et facile, et ne demande ni installation ni soins particuliers.

Fig. 17. — *Collinsia bicolor.*

Collinsia. *Collinsia bicolor* (fig. 17), *C. verna*. — Tous les Collinsia peuvent être utilisés comme fleurs coupées. Le *Collinsia bicolor* ainsi que ses variétés est surtout intéressant par la rapidité de son développement et l'abondance de sa floraison. Il a une variété blanc pur très appréciable.

Le *Collinsia verna,* très joliment panaché de blanc et de bleu de ciel, fleurit dès la sortie de l'hiver, mais il ne donne pas des rameaux aussi développés que ceux du *Collinsia bicolor.*

Semer en septembre, en pépinière, repiquer au pied d'un mur, mettre en place à l'automne ou au printemps.

FIG. 18. — Gaillarde peinte *(Gaillardia picta).*

Gaillarde peinte. *Gaillardia picta* (fig. 18). — Dans sa forme primitive, à fleur simple, la Gaillarde n'est pas sans analogie d'aspect avec les Coréopsis à grandes fleurs, mais elle s'en distingue par le disque d'un rouge vineux dont elle est largement marquée au centre de la fleur,

Le support de chaque fleur est très long et grêle, ce qui en rend l'emploi très aisé dans les bouquets où ces larges disques dentés et panachés font beaucoup d'effet. Les fleurons qui composent le pourtour de chaque fleur sont plans et ordinairement se terminent par trois ou cinq pointes. Quelquefois ils se replient sur eux-mêmes

FIG. 19. — Gaillarde peinte double (*Gaillardia picta flore pleno*).

et forment une sorte d'entonnoir comme dans le bleuet des champs. C'est sous cette forme que se présentent les fleurons dans la Gaillarde à fleurs doubles (fig. 19), où se rencontrent toutes les nuances du blanc jaunâtre au rouge lie de vin, avec diverses panachures entre ces couleurs.

La culture des Gaillardes annuelles est des plus faciles,

on peut les traiter en plantes annuelles vernales ou automnales.

Giroflées annuelles. *Cheirantus annuus* var. — Les Giroflées annuelles à végétation rapide sont au nombre des plantes les plus employées pour fournir des fleurs coupées. Elles sont trop connues pour qu'il y ait lieu d'insister sur leurs mérites, mais il est peut-être utile de signaler à l'attention des cultivateurs et des amateurs quelques races nouvelles qui ont sur les anciennes l'avantage de donner des rameaux plus nombreux et plus allongés, ce qui en rend l'emploi plus aisé dans les bouquets et garnitures.

Toutes ces races dérivent plus ou moins directement de la Giroflée quarantaine, ainsi nommée parce qu'elle peut commencer à fleurir environ six semaines ou quarante jours après le semis. On sait qu'il en existe au moins une quinzaine de variétés différant les unes des autres seulement par le coloris de leurs fleurs et se reproduisant exactement par le semis.

Toutes les variétés de Giroflées quarantaines ne sont pas également prédisposées à doubler et il en est dans lesquelles 50 pour 100 est un chiffre de duplicature presque exceptionnel.

Les variétés blanc pur, blanc carné, rouge carmin et rouge sang de la Giroflée quarantaine sont les plus employées au point de vue de la production des fleurs de vente et d'expédition, mais toutes les variétés peuvent trouver leur emploi dans les bouquets, corbeilles et garnitures diverses.

Des semis successifs peuvent en assurer une production constante de juin en octobre, et les plantes à fleurs doubles continuent à fleurir pendant près de deux mois.

La culture est des plus simples. Elle peut se faire par semis en place à partir du mois d'avril et la floraison a lieu dès la fin de juin. Pour l'obtenir plus précoce, on peut semer, sois sous châssis à froid, soit sur couche légèrement chaude, soit même dès le mois de septembre avec un abri pendant les froids de l'hiver.

Il y a de très nombreuses races de Giroflées annuelles présentant chacune une grande diversité de coloris; les plus importantes sous le rapport de la production des fleurs sont :

1° La Giroflée quarantaine ordinaire, la plus ancienne et la plus répandue;

2° La Giroflée quarantaine a grandes fleurs, un peu plus exigeante sur la qualité du sol et les soins de culture, plus ample dans toutes ses parties, mais aussi plus belle et plus ornementale à cause de la largeur de ses fleurs.

Les Giroflées quarantaines remontantes (fig. 20), à rameaux latéraux longs et bien garnis de fleurs, se développant un peu plus tardivement que la tige centrale, constituent une excellente race pour la production des fleurs à couper. Il n'en existe jusqu'à présent que cinq coloris, à savoir :

Blanc, blanc carné, rouge carmin, cramoisi, violet.

La Giroflée quarantaine victoria rouge sang, coloris unique jusqu'ici, est une plante très vigoureuse, hâtive, ramifiée extrêmement décorative et des plus utiles pour bouquets.

Fig. 20. — Giroflée quarantaine remontante (*Cheiranthus annuus*, var.).

Les Giroflées quarantaines parisiennes, quarantaines *Cocardeau* (fig. 21) et *Empereur*, classées à juste titre parmi les plantes bisannuelles, si l'on considère la durée totale de leur végétation jusqu'à la maturation des graines, peuvent être cependant cultivées comme plantes annuelles si l'on n'a en vue que la floraison. Il suffit d'en avancer la végétation par des semis hâtifs sur couche ou sous châssis.

On pourrait même faire entrer les *Giroflées jaunes*, plantes vivaces par nature et au moins bisannuelles d'ordinaire, parmi celles qui se prêtent à la culture annuelle. Semées au printemps, elles peuvent, en effet, fleurir à la fin de l'automne, justement à l'époque où les fleurs en sont recherchées pour les bouquets destinés à orner les cimetières pour les fêtes des morts.

FIG. 21. — Giroflée quarantaine Cocardeau (*Cheiranthus annuus*, var.).

Godetias. *Godetia rubicunda, Lindleyana, Whitneyi.* — Compatriotes et voisins, dans la classification botanique, des Clarkias, les Godetias sont, comme eux, des plantes à végétation rapide et à floraison longuement successive.

Parmi les Godetias à grands rameaux, il faut citer le *Godetia rubicunda*, à larges fleurs rose lilacé (fig. 22); sa variété *splendens* qui se distingue par une large macule carmin remplissant tout le fond de la fleur; le *Godetia pyramidal carmin*, extrêmement ornemental, dans lequel la tache carminée a envahi la totalité des pétales; la variété *Schaminii*, d'un rose saumoné très délicat, et sa sous variété *Nivertiana*, maculée de carmin vif au centre; toutes ces variétés existent également à fleurs doubles; la plus belle de toutes est le *Godetia pyramidal carmin double*. Parmi les Godetias nains moins intéressants pour la production des rameaux à couper, mais excellents pour faire des potées décoratives, il faut citer le *Whitneyi brillant* à fleurs rose tendre maculées de

Fig. 22. — Godetia carmin (*Godetia rubicunda*).

carmin vif; *Lady Albemarle* rouge carminé; *Satin rose*, d'un rose très vif; *Duchesse d'Albany*, blanc pur. Ce dernier possède aussi une forme à grands rameaux.

Les Godetias se cultivent absolument comme les Clarkias.

Gypsophila élegant. *Gypsophila elegans* (fig. 24). — De peu d'effet par lui-même, le Gypsophila est cependant une des fleurs les plus recherchées par les bouquetières pour donner de la grâce et de la légèreté à leurs compositions. C'est une plante à tige extrêmement ramifiée, à petites fleurettes en étoiles tantôt d'un blanc légèrement rosé, tantôt d'un blanc tout à fait pur ; cette dernière race est de beaucoup la plus appréciée à Paris.

FIG. 23. — Godetia brillant double (*Godetia rubicunda*, var. *splendens flore pleno*)

Il se fait sur les marchés aux fleurs, un commerce considérable de gerbes ou de potées fleuries de cette plante.

On sème le *Gypsophila elegans* du mois d'avril jusqu'au milieu de juin, en place, et la floraison a lieu au bout de trois mois environ. Pour avoir des fleurs au printemps, on sème en septembre, de préférence en pépinière. Les jeunes plants repiqués avant l'hiver, en planches au midi, sont levés en motte en avril et mis en place où ils ne tardent pas à fleurir.

FIG. 24. — Gypsophile élégant (*Gypsophila elegans*).

Lobélias annuels. *Lobelias Erinus* var.; *L. ramosa.* — On peut tirer bon parti, pour les petits bouquets, des rameaux abondamment fleuris des différentes variétes du *Lobelia Erinus*, surtout de celle à fleurs blanc pur ou bleu intense. On emploie surtout pour les garnitures d'appartements de toutes sortes, de petites potées de ces jolies fleurs aussi variées de port que de coloris ;

les variétés compactes, blanches, bleues, carnées, rose cuivré, marbrées, permettent de varier beaucoup les effets

Fig. 25. — *Lobelia Erinus.*

tandis que toutes sont également faciles à cultiver et à faire fleurir ; il en existe même des variétés à fleurs doubles extrêmement jolies.

Fig. 26. — *Lobelia Erinus* dressé multiflore (*Lobelia Erinus stricta multiflora*).

On sème le *Lobelia Erinus* presque toute l'année, et il fleurit en trois mois environ. Le *Lobelia ramosa* demande un peu plus de soin, il peut réussir semé en place au mois de mai, mais le succès est plus assuré et la floraison plus belle si l'on a semé à l'automne et hiverné le plan sous un abri.

Lupins annuels. *Lupinus hirsutus* var., *L. luteus, L. subramosus, L. tricolor elegans, L. Cruikshankii* et hybrides. — Le type du Lupin poilu *(hirsutus)* est le Lupin

Fig. 27. — Lupin hybride écarlate foncé *(Lupinus hybridus atrococcineus)*.

grand bleu ; ses fleurs, bleu d'azur, sont disposées en épis de 10 à 12 centimètres ; les variétés blanches et roses, mélangées au grand bleu dans les corbeilles, produisent un ensemble du plus bel effet.

Le *Lupinus luteus*, de couleur jaune, peut être employé dans les bouquets ; son port est élégant et il se conserve bien.

Le *Lupinus subramosus* bleu (fig. 26) et l'*atrococcineus* nain rose, seront utilisés en bordures, tandis que l'*atrococcineus* ordinaire (fig. 27), le *tricolor elegans*, le Lupin de Cruikshank, à fleurs blanches, ou l'hybride de la même espèce, formant de beaux épis bleus, sont tout à fait propres à la composition des grandes corbeilles. Leur taille est supérieure à 1 mètre et, dans le Lupin hybride, les

Fig. 28. — *Lupinus subramosus.*

grappes de fleurs ont parfois jusqu'à 60 centimètres de longueur. Tous se font remarquer par leur doux parfum qui rappelle celui de la fleur d'oranger.

Les Lupins doivent être semés en place en avril ; on peut aussi semer en pots et mettre la plante en terre, avec toute la motte, dès qu'apparaissent les premières feuilles.

N'arrosez jamais les Lupins, à moins de grande sécheresse, si vous voulez obtenir une floraison satisfaisante.

Mufliers. *Antirrhinum majus* var. — Sans être très légères, ni d'une forme très élégante, les fleurs de Mufliers sont loin d'être sans mérite au point de vue orne-

FIG 29. — Mufliers (*Antirrhinum majus*)

mental ; elles ont le grand avantage d'être produites abondamment et successivement sur des rameaux effilés qui se prêtent bien aux divers emplois décoratifs. Cueillies au fur et à mesure de leur épanouissement, les fleurs se succèdent pendant tout l'été et la variété de leurs couleurs permet d'en obtenir d'excellents effets.

Les variétés blanc pur, blanc strié rose, rose et blanc, carmin et rouge foncé à tube blanc, jaune pur, écarlate et jaune, sont les plus distinctes et les plus recommandables.

La culture des Mufliers est des plus aisées ; tous les terrains sains, même frais, leur conviennent. On peut les cultiver comme plantes annuelles en les semant sous abri en mars-avril et en les plantant en mai. Cependant la culture automnale convient beaucoup mieux à la plante.

FIG. 30. — Myosotis des Alpes nain (*Myosotis Alpestris*, var. *nana*).

Myosotis des Alpes. *Myosotis Alpestris*. — Vivace par sa nature, le Myosotis des Alpes se cultive toujours comme plante annuelle à cause de la rapidité de son développement, mais comme il fleurit de très bonne heure, au printemps, il doit être toujours traité en plante annuelle automnale semé à l'arrière-saison, pour fleurir dès le printemps de l'année suivante.

Ses très nombreuses fleurettes bleu de ciel, roses ou blanches, en font une des plus jolies plantes, et des plus aimées parmi celles qui annoncent le retour des

FIG. 31. — Myosotis des Alpes élégant (*Myosotis Alpestris elegantissima*).

beaux jours. Outre la forme ordinaire qui croît en touffes plus ou moins compactes et plus ou moins étalées, on cultive sous le nom d'*elegantissima* (fig. 31) une race à rameaux beaucoup plus dressés et dont l'ensemble figure une gerbe pyramidale plutôt qu'un coussin. Les mêmes variétés de coloris existent dans cette race que dans le type primitif.

Une variété, très récemment introduite sous le nom de *Myosotis bleu Victoria*, est remarquable par ses corolles larges ayant ordinairement huit ou dix divisions au lieu de cinq, et par sa ramification presque verticillée. C'est une race véritablement curieuse et très jolie, quand elle est vue de près dans les petits bouquets d'appartement.

On remarque souvent aux devantures des fleuristes vers la fin de mars ou en avril des petites potées de Myosotis extrêmement compactes, à tiges très courtes, et formant une véritable masse de fleurs. Beaucoup de gens se demandent sans doute quelle est cette variété si naine et si florifère. Ce sont tout simplement des sommités fleuries de tiges de Myosotis des Alpes, coupées, réunies en bouquets compacts, et enfoncées dans un petit pot de jardin avec un peu de terre et de sable humide pour les conserver fraîches. Elles peuvent, dans ces conditions, se maintenir et continuer de fleurir pendant cinq ou six jours au moins.

Parfaitement rustique, le *Myosotis des Alpes* peut se semer de juin en septembre en pépinière et se mettre en place dès le mois d'octobre, ou en novembre pour passer l'hiver sans aucune protection.

Nigelles. *Nigella Damascena, N. Hispanica.* — De tout temps les Nigelles ont été comptées au nombre des plantes annuelles les plus connues et les plus aisées à cultiver. Ce sont des herbes sauvages du midi de l'Europe ou de l'Orient que leurs fleurs élégantes et leur feuillage très finement découpé ont fait remarquer dès les temps les plus anciens comme les Coquelicots et les Bleuets des blés. La forme simple de la *Nigelle de Damas* n'est pas elle-même sans un certain mérite ornemental; cependant on ne cultive guère dans les jardins que la forme à fleurs doubles dont le mérite est d'autant plus grand qu'elles présentent une couleur bleue plus prononcée. Les variations à fleurs bleues très pâles ou pres-

Fig. 32. — Nigelle de Damas *(Nigella Damascena)*.

que blanches peuvent toutefois servir pour produire des contrastes dans le bouquet.

La Nigelle d'Espagne (fig. 33), à pétales plus amples et beaucoup plus épais que celle de Damas, n'existe, au contraire, qu'à fleurs simples. On en distingue trois variétés : la bleue, qui est d'une teinte un peu grisâtre, la blanche et la pourpre qui est franchement violacée.

Presque toujours on sème les Nigelles en place, de mars en mai, et elles fleurissent dès le mois de juillet. On peut aussi les semer à l'automne, pour avoir dès le printemps des plantes plus vigoureuses et à floraison très précoce ; mais il faut alors les abriter légèrement sous le climat de Paris.

FIG. 33. — Nigelle d'Espagne *(Nigella Hispanica)*.

Œillet de Chine. *Dianthus Sinensis.* — Peu de plantes annuelles, si ce n'est la Reine-Marguerite ou le Zinnia ont donné par la culture un aussi grand nombre de variétés, et des variétés aussi diverses que l'Œillet de Chine. Il est vrai de dire que depuis fort longtemps cet œillet est cultivé en Chine et au Japon et que les formes importées vers le milieu du siècle où nous sommes, sous les noms de *Dianthus Heddewigii*, et de *Dianthus laciniatus,* ne sont très vraisemblablement que des variétés de l'Œillet de Chine primitif obtenues par les jardiniers de l'Extrême-Orient.

La forme primitive à fleurs simples, petites ou moyennes, dentées et de nuances variées, a été abandonnée des jardiniers. On ne cultive plus maintenant, en mélange de coloris divers, que la forme à fleurs doubles, qui présente toutes les nuances possibles et toutes les panachures imaginables, depuis le blanc pur jusqu'au brun noir.

Les fleurs moins régulières de forme, mais plus bizar-

Fig. 34. — Œillet de Chine double *(Dianthus Sinensis flore pleno)*.

res de coloris que celles des Œillets des fleuristes, sont extrêmement précieuses pour toutes sortes de décorations florales, soit seules, soit associées aux variétés que nous allons énumérer.

Œillet de Chine double blanc, bien plein, denté ;

Œillet de Chine, double brun noir, extrêmement remarquable par le coloris très foncé de ses grandes fleurs portées par des tiges elles-mêmes bronzées ainsi que le feuillage.

Œillet de Chine double rouge éclatant, à fleurs d'un coloris des plus brillants. Les races à fleurs simples qui ont été conservées dans les cultures sont toutes remarquables par la très grande ampleur de leurs fleurs qui atteignent souvent 7 et 8 centimètres de diamètre.

Fig. 35. — Œillet de Chine double brun noir (*Dianthus Sinensis*, var.).

Œillet de chine lacinié. — Plantes à fleurs très larges, à pétales profondément dentés, divisés sur les bords en véritables franges qui donnent à la fleur un aspect très particulier.

Œillet de Chine reine de l'Orient (fig. 36). — C'est une forme d'Œillet lacinié à pétales moins profondément divisés sur les bords, mais caractérisés par des panachures rouges sur fond rose ou blanc qui forment des dessins bizarres rappelant un peu les caractères de certaines écritures orientales.

Fig. 36. — Œillet de Chine reine de l'Orient (*Dianthus Sinensis*, var.)

Œillet de chine de Heddewig. — Fleurs très grandes, à contour presque régulièrement circulaire, chaque pétale ayant le bord entier et arrondi, et non pas incisé, comme c'est le cas dans les deux variétés précédentes.

Les Œillets de Chine peuvent parfaitement se semer en place dès le mois d'avril. Pour en avoir une floraison plus précoce, on les sèmera dès le mois de mars sous châssis à froid ou sur une plate-bande chaude et bien exposée. La culture automnale n'est avantageuse que dans le Midi. Si les belles variétés d'Œillets de Chine étaient plus connues dans le commerce des fleurs, elles

FIG 37. — Œillet de Chine, variété de Heddewig.

attireraient certainement à elles une partie de la faveur qui se porte actuellement sur les œillets des fleuristes.

Pavots. *Papaver somniferum*, var. *P. Rhœas*, *umbrosum*, etc. — Les pavots, fleurs aimées des peintres et souvent introduites dans leurs compositions, sont, en effet, au nombre des plantes les plus ornementales qui existent. Les variétés à fleurs pleines et à coloris tranchés sont aussi décoratives que les pivoines, c'est-à-dire qu'elles sont au premier rang des fleurs à grand effet. Peu de plantes peuvent rivaliser avec les Pavots pour la confection des grands bouquets et des gerbes décoratives. Ils ont l'avantage de se conserver assez longtemps dans l'eau, pourvu qu'on ait soin de la renouveler.

Fig. 38. — Pavots doubles variés *(Papaver somniferum flore pleno)*.

Dans les Pavots a fleurs doubles on distingue deux races bien tranchées celle à pétales entiers et celle à pétales laciniés qu'on appelle parfois *Pavots bichons*. Les premiers donnent une fleur plus étoffée, d'un plus grand effet sous le rapport de la masse et de la coloration, mais les variétés à pétales laciniés ont un aspect frangé et pour ainsi dire mousseux, qui est aussi fort agréable.

Dans chaque race, les coloris sont extrêmement nombreux, les variétés blanc pur, blanc bordé rose, rouge

FIG. 39. — Pavots Danebrog (*Papaver somniferum*, var.)

cerise, écarlate amarante, feu et violet sont les plus distincts et ceux qui font le plus d'effet dans les bouquets.

Le PAVOT MIKADO, à pétales finement laciniés, blancs à pointes carmin, est extrêmement gracieux et joli. Il n'est pas très plein, mais en est d'autant plus léger et élégant.

Quelques variétés du grand Pavot annuel se cultivent, malgré leurs fleurs simples, à cause d'une panachure vive et constante. Tels sont le PAVOT DANEBROG, marqué d'une croix blanche sur fond rouge, et le MÉPHISTO, dans lequel la panachure est noire. Aucune plante n'est aussi aisée à cultiver que ces pavots auxquel nul traitement ne réussit aussi bien que le semis en place au mois d'avril ou de mai. La floraison a lieu au bout de deux mois ; des semis échelonnés assurent une floraison successive.

FIG. 40. — Coquelicot double (*Papaver Rhœas flore pleno*).

Les *Coquelicots*, moins grands, plus ramifiés que les pavots communs, donnent des fleurs aussi éclatantes quoique rarement aussi pleines.

La race commune, simple variété double du *Pavot des blés* (fig. 40) est comme lui d'un rouge écarlate vif, mais en existe des variétés roses, rouge foncé, rouge brun, blanc pur et d'autres qui sont bordées de blanc et colorées au centre et d'une extrême élégance.

La forme dite JAPONAISE OU POMPON (fig. 41) est un Coquelicot extrêmement double à fleurs presque globu-

FIG. 41. — Coquelicot japonais pompon (*Papaver Rhœas*, var.).

leuses et présentant tous les coloris qui se rencontrent dans le Coquelicot double ordinaire. Le port du Coquelicot japonais est plus trapu et plus compact, mais les pédoncules des fleurs sont longs et bien dégagés ce qui donne aux fleurs toute leur valeur pour la confection des bouquets.

C'est une question d'intérêt purement botanique que de savoir si le *Papaver umbrosum* (fig. 42) est ou n'est pas autre chose qu'une forme spéciale du Coquelicot. C'est un joli Pavot à fleurs d'un rouge écarlate foncé, presque rouge sang, marquées au fond de la corolle de quatre larges macules noires. Quelquefois ces taches noires

FIG. 42 — Pavot rouge écarlate foncé (*Papaver umbrosum*).

sont entourées d'une bordure blanche qui en rehausse encore l'effet. Il existe aussi, depuis 1890, une variété à fleurs doubles ou semi-doubles, d'une grande beauté.

Les Coquelicots et le *Papaver umbrosum* se cultivent comme le Pavot commun, par semis faits en place au printemps. Ils ne demandent aucun soin, comme il convient aux descendants directs d'une herbe des champs. En outre, la culture automnale est praticable et donne des plantes ramifiées et florifères de bonne heure au printemps.

Pensées. *Viola tricolor*. — La culture des pensées a fait depuis cinquante ans des progrès qui, certainement, ne sont pas encore arrivés à leur terme. Si l'on se sou-

FIG. 43. — Pensée à très grandes fleurs (*Viola tricolor*, var)

vient des fleurs de Pensées de la première moitié de ce siècle, longues, étroites, presque triangulaires, montrant bien rarement d'autres couleurs que le violet et le jaune, on peut mesurer le chemin qui a été parcouru dans l'amélioration de ces fleurs. Aujourd'hui, les fleurs sont amples, d'un contour presque régulièrement arrondi ; elles allient à une forme parfaite, et à une grandeur qui égale celle de la main, une pureté et une variété de coloris des plus remarquables. Bien plus, les teintes, les formes, les panachures mêmes se reproduisent aujourd'hui par la voie du semis et l'on peut obtenir de graine à peu près toutes les variétés. La brièveté de leurs pé-

Fig. 44. — Pensée à grandes macules (*Viola tricolor*, var.).

doncules (queues, en langage vulgaire) ne permet guère d'utiliser les Pensées dans les bouquets proprement dits, mais on en tire bon parti dans les petits vases d'appartements, dans les coupes ou corbeilles, etc. Les fleuristes en font un grand usage pour les bouquets ou couronnes mortuaires et il y a des races à fleurs violet foncé qui, pour cet usage, sont cultivées par hectares entiers.

Parmi les variétés les plus dignes d'être cultivées pour la production des fleurs, il faut citer les PENSÉES A GRANDES FLEURS (fig. 43) qui méritent si bien leur nom que parfois elles en arrivent à ne pouvoir que difficilement se soutenir et à fléchir sous leur propre poids ; les

FIG. 44. — Pensée panachée sauvage (*Viola tricolor*, var.).

PENSÉES A GRANDES MACULES (fig. 44), moins grandes, mais d'une forme plus parfaite, à coloris plus variés et plus tranchés et offrant un contraste marqué entre le centre des pétales et leurs bords toujours plus clairs. Ces Pensées, parmi lesquelles *la race dite Bugnot* se distingue par son ampleur, sont, soit à fond blanc, soit à fond rouge. Elles réussissent mieux dans le terreau qu'en pleine terre.

FIG. 46. — Pensée demi-deuil (*Viola tricolor*).

On cultive des variétés à fleurs blanc pur, jaune d'or, bleu clair et bleu foncé, jaunes et pourpres, rouge amarante, violet noir, cuivrées, striées et panachées.

La race dite *demi-deuil* est une des plus jolies, elle a les deux grands pétales supérieurs gris perle, et les trois autres violet bleuâtre foncé (fig. 46).

Le meilleur mode de culture pour les Pensées consiste à semer au mois de juin.

On met les plantes en place en septembre. Elles commencent à donner quelques fleurs à l'automne et sont dans toute leur beauté du mois d'avril au mois de juin suivant. Ombragées et arrosées, elles peuvent continuer à fleurir presque tout l'été.

FIG. 47. — Pétunia double frangé (*Petunia hybrida*, var.).

Pétunias. — La nature, un peu charnue et visqueuse à la surface, des tiges des Pétunias, ne se prête pas bien à l'emploi dans les bouquets ni en fleurs de boutonnière.

Celles du *Pétunia double blanc frangé* conviendraient pourtant fort bien à ce dernier emploi pour lequel la réunion de 3 ou 4 gros œillets blancs fondus en un seul ne semblait pas, l'hiver dernier d'un volume excessif. Les variétés colorées ou panachées sont aussi d'un très grand effet ornemental et méritent assurément de trouver place dans les décorations florales.

Pieds d'alouette. *Delphinium Ajacis, D. consolida. D. grandiflorum.* — Tous les Pieds d'alouette annuels

Fig. 48 — Pied d'alouette commun double *(Delphinium Ajacis flore pleno).*

sont de fort belles plantes d'ornement et des fleurs faciles à utiliser pour les bouquets.

L'espèce la plus commune *(D. Ajacis)* donne de longs épis très garnis de fleurs bien doubles et des teintes les plus variées, qu'on a comparés, non sans quelque raison, à ceux des Jacinthes de Hollande ; tous les coloris, du blanc au violet foncé, s'y rencontrent et donnent lieu à de jolis contrastes.

Beaucoup plus ramifiés, ayant les rameaux plus divergents et les épis de fleurs plus nombreux et moins longs, les PIEDS D'ALOUETTE DES BLÉS offrent encore plus de ressources pour la confection des bouquets. Les coloris n'y sont pas moins nombreux, il y a surtout des nuances cuivrées et presque écarlates de l'effet le plus frappant et le plus nouveau dans ce genre de plantes. La variété

FIG. 49. — Pied d'alouette des blés nains candélabre (*Delphinium consolida*, var.).

tricolore et la violette présentent aussi des reflets d'un éclat tout à fait métallique.

Les races de grande taille sont les plus recommandables pour la production des fleurs à couper.

Ces deux Pieds d'alouette se sèment en place, en mars ou avril et fleurissent en été; la floraison se prolonge assez longtemps quand les rameaux fleuris sont cueillis successivement.

Le PIED D'ALOUETTE A GRANDES FLEURS, qui peut vivre plusieurs années, mérite cependant une place parmi les plantes annuelles, car il peut fleurir de trois à quatre mois

FIG. 50. — Pied d'alouette de la Chine à grandes fleurs doubles (*Delphinium grandiflorum flore pleno*).

après le semis. Toujours relativement nain, il donne cependant des tiges ramifiées qui peuvent s'élever à 0m,60 ou même 0m,80, avec des fleurs larges, d'un beau bleu intense ou d'un bleu de ciel pâle d'une fraîcheur et d'une douceur de teinte remarquables. Cette nouvelle variété, qu'on appelle *bleu faïence*, est de celles qui méritent le plus d'être répandues. Il existe aussi des variétés à fleurs blanches et violettes, et d'autres à fleurs doubles. Toutes sont à recommander pour la confection des bouquets qu'elles soutiennent et allègent par leurs ramifications raides et nombreuses, et auxquels elles apportent de la variété par leurs jolies couleurs.

Pois de senteur. *Lathyrus odoratus.* — L'odeur très douce et très pénétrante du Pois de senteur, plante indigène dans le midi de l'Europe, l'a fait rechercher dès les temps les plus anciens. Depuis quelques années on en a obtenu des variétés de nuances diverses, soit unicolores, soit diversement panachées, qui ajoutent au mérite de son parfum celui d'une extrême élégance et diversité de coloris.

Les fleuristes, jusqu'à présent, font assez peu d'usage des Pois de senteur comme fleurs d'ornement ; il en va tout autrement dans plusieurs pays voisins et en Angleterre en particulier, où les fleurs coupées du Pois de senteur sont très fréquemment employées, ou comme fleurs de boutonnière, ou pour garnir les vases ou corbeilles.

Les Pois de senteur se sèment en place de la fin de mars au commencement de mai. Dans le Sud-Ouest et dans le Midi, on peut très bien les semer dès l'automne, la floraison en est alors plus hâtive et plus abondante dès le printemps. Les fleurs coupées se conservent longtemps dans l'eau.

Reine-Marguerite. *Aster* ou *Callistephus Sinensis.* — Il est permis de se demander si la Reine-Marguerite ne fournit pas à elle seule la moitié des fleurs annuelles qui se vendent à Paris sur les marchés et dans les boutiques, tant cette belle plante a de vogue et tant elle est facile à cultiver, à transporter et à conserver, soit cueillie, soit tout simplement arrachée en motte avec ses racines.

Depuis la fin de juin jusqu'en novembre, c'est-à-dire pendant presque six mois de l'année, les jardiniers ont des Reines-Marguerites à vendre; et en appelant les abris et les moyens de chauffage à leur aide, ils peuvent allonger encore la saison de floraison.

On se douterait difficilement, en voyant la quantité énorme des races et des variétés diverses de Reine-Marguerite, que la plante n'est pas introduite en Europe depuis beaucoup plus de cent cinquante ans. C'est, en effet, vers 1730 que la Reine-Marguerite a été envoyée en France par le R. P. d'Incarville, jésuite et missionnaire en Chine. Assurément aujourd'hui, il y a plus de vingt races diverses de Reine-Marguerite et comme chacune possède au moins de trois à vingt coloris différents, il n'est pas excessif d'affirmer qu'il y a plus de deux cents variétés distinctes de cette belle fleur.

On peut partager toutes les races en deux grandes classes, qui se distinguent l'une de l'autre par le port et la tenue des rameaux.

La première classe est celle des REINES-MARGUERITES A PORT D'ANÉMONE dans lesquelles les rameaux se séparent de la tige en formant un angle assez ouvert et en présentant leurs fleurs vers l'extérieur dans une position à peu près verticale ; à ce type appartiennent les variétés les plus précoces de toutes : La Reine-Marguerite printanière (fig. 51), variété blanc pur qui fleurit en pleine terre dès le mois de juin ; les

Fig. 51. — Reine-Marguerite blanche printanière (*Callistephus Sinensis*, var.).

Fig. 52. — Reine-Marguerite Reine des Halles. A Queen of the Market. (*Callistephus Sinensis*, var.).

Reines-Marguerites parisiennes et les Reines-Marguerites Reine des Halles (fig. 52) qui, dans l'ordre indiqué, se succèdent en fleurissant immédiatement après la Reine-Marguerite printanière, puis les *très naines,* de coloris extrêmement variés qui fleurissent en juillet; les Reines-Marguerites GLOBES (fig. 53) plantes compactes, formant une boule surle terrain; enfin les Reines-Marguerites A PORT D'ANÉMONE proprement dites, plus grandes, plus ramifiées, mais aussi moins hâtives que les autres.

FIG. 53. — Reine-Marguerite globe, naine (*Callistephus Sinensis,* var.).

La seconde classe est celle des Reines-Marguerites *pyramidales* dans lesquelles les rameaux sont redressés contre la tige et où les fleurs sont portées horizontalement. Cette classe, de beaucoup la plus nombreuse, est celle qui comprend les plus belles variétés de Reines-Marguerites, celles que l'on désigne sous le nom de REINES-MARGUERITES TRUFFAUT. On y distingue : Les Reines-Marguerites *Pivoines* (fig. 54) dont les ligules, improprement appelées pétales, se recourbent vers le centre de la fleur comme dans les Renoncules doubles; ce sont les plus globuleuses de toutes les Reines-Marguerites.

Les Reines-Marguerites *Perfection* dont les fleurs sont légèrement renflées, larges et composées de ligules droites à bords légèremnt relevés, un peu comme dans les fleurs des Dahlias tuyautés.

Les Reines-Marguerites POMPON (fig. 55) qui ont à peu près la même disposition de ligules que les perfections, mais avec une longueur moindre qui rend la fleur plus petite, mais plus compacte et encore plus régulière de contour.

FIG. 54. — Reine-Marguerite pivoine (*Callistephus Sinensis*, var.).

Les Reines-Marguerites IMBRIQUÉES (fig. 56) dans lesquelles les ligules sont légèrement réfléchies à l'extrémité et se recouvrent les unes les autres, comme les tuiles d'un toit.

Les Reines-Marguerites à FLEURS DE CHRYSANTHÈME (fig. 57) ont la même disposition encore plus accentuée; les ligules longues et larges sont presque recourbées en dessous à leur extrémité.

Les Reines-Marguerites *couronnées* (fig. 58) qui sont au nombre des plus belles et des plus ornementales ont un centre blanc entouré d'une large couronne rose, rouge, violette ou magenta.

Les Reines-Marguerites PYRAMIDALES A BOUQUET (fig. 59) qui forment une gerbe de cinquante à soixante fleurs étagées depuis

Fig. 55. — Reine-Marguerite imbriquée pompon.

Fig. 56. — Reine-Marguerite à fleurs imbriquées.

la base jusqu'au sommet qui est élargi et presque aplati. C'est dans cette race que se trouvent les Reines-Marguerites ARLE-

Fig. 57. — Reine-Marguerite à fleurs de Chrysanthème.

Fig. 58. — Reine-Marguerite couronne.

QUIN (fig. 60) et LILLIPUT si remarquables par leurs jolies et fines panachures.

Fig. 59. — Reine-Marguerite pyramydale à bouquet (*Callistephus Sinensis*, var.).

Fig. 60. — Reine-Marguerite Arlequin (*Callistephus Sinensis*, var.).

Une très belle race nouvelle est celle des Reines-Marguerites Comète (fig. 61) qui diffèrent des races à fleurs de Chrysanthème par leurs ligules plus longues, réfléchies et ondulées. Parmi les formes à ligules tubuleuses, on compte plusieurs races dites à aiguilles, dont la plus remarquable,

Fig. 61. — Reine-Marguerite comète.

appelée Reine-Marguerite *japonaise*, rappelle absolument les variétés échevelées des Chrysanthèmes de l'Inde auxquelles on a donné le même nom.

La Reine-Marguerite, plante essentiellement annuelle se sème cependant rarement en place. Le procédé le plus usuel consiste à semer en avril sous châssis à froid et à repiquer dans la fin de mai. Pour prolonger la durée de la floraison on peut avancer les plantes et pour cela, les semer en février-mars sur couche chaude ou, au contraire, les retarder en remettant les semis jusqu'au 15 juillet pour obtenir la floraison d'octobre en décembre. Il va de soi qu'il faut, dans ce dernier cas, protéger les plantes contre les gelées auxquelles les Reines-Marguerites sont très sensibles.

Fig. 62. — Réséda odorant pyramidal (*Reseda odorata*, var.).

Réséda. *Reseda odorata*, var. — Malgré son absence complète de beauté, le Réséda est une des fleurs les plus connues et les plus aimées, la douceur exquise de son parfum étant appréciée de tout le monde à peu près sans exception. Pendant bien longtemps on n'a connu dans les jardins qu'un Réséda à petites grappes effilées formant des touffes diffuses, s'étalant sur terre, à rameaux grêles fleurissant successivement.

Cette race est encore extrêmement commune et c'est celle qu'on voit le plus souvent se ressemer d'elle-même dans les jardins. Mais les jardiniers et spécialement les horticulteurs parisiens sont arrivés à en obtenir et à en

Fig. 63. — Réséda pyramidal Machet (*Reseda odorata*, var.).

fixer des variétés beaucoup plus vigoureuses, à rameaux dressés, portant des grappes compactes, de grandes fleurs plus serrées, plus grosses et plus colorées que celles de la race ancienne. Le Réséda pyramidal a grandes fleurs, fixé, il y a quinze ans, par Gabriel Vyijeaux-Duvaux, la race Machet (fig. 63), un peu plus trapue, à grappes plus raccourcies, le Réséda *nain com-*

pact, sont aujourd'hui les races les plus recherchées surtout pour la culture en pot.

Il existe aussi une variété à fleurs tout à fait jaunes, élégante et jolie qui ne le cède en rien pour le parfum aux anciennes variétés.

Pour la confection des bouquets, le Réséda pyramidal à grandes fleurs est le plus recommandable. Il donne, en effet, des rameaux assez longs pour être faciles à utiliser, même dans d'assez grands bouquets.

Fig. 64. — Scabieuse naine double variée (*Scabiosa atropurpurea*, var)

Scabieuse. *Scabiosa atropurpurea*. — Les Scabieuses, comme les Soucis dont on aura à parler tout à l'heure, n'ont pas bon renom. C'est sans doute le surnom de Fleurs de Veuve qui leur nuit dans l'esprit du plus grand nombre et les fait regarder comme des fleurs de mauvais présage.

Il n'y a cependant pas d'association à établir entre l'idée d'un deuil quelconque et les jolies fleurs qui se cultivent aujourd'hui dans les jardins et dont les teintes blanc pur, rose carné, rose vif ou écarlate cuivré, ne rappellent en rien les nuances lilas ou violettes de la plante primitive (fig. 64).

On cultive deux races de Scabieuses plus particulièrement pour la production des fleurs à couper.

La *Scabieuse grande* a des capitules floraux dont les dimensions égalent celles d'une Reine-Marguerite avec une forme plus pyramidale. Les variétés de teinte claire, lorqu'elles sont bien doubles, forment à elles seules un bouquet aussi frais et léger que possible.

Les *Scabieuses demi-naines* portent leurs fleurs moins grandes, mais plus légères que celles de la race précédente, sur des supports longs et minces dépourvus de feuilles, rigides presque comme un fil de fer, qui en rendent l'emploi très aisé dans les bouquets de toute forme.

Les coloris, comme dans la Scabieuse grande, sont très variés ; il y en a de très éclatants dans le ton rouge cuivré.

Les Scabieuses peuvent se semer au printemps, soit en avril, en place, soit un peu plus tôt en pépinière pour être ensuite repiquées. Elles se prêtent également à la culture automnale, mais demandent à être abritées pendant les grands froids.

Soleils annuels. *Helianthus annuus; H. argophyllus;*

H. cucumerifolius. — Tout le monde connaît le grand Soleil, ou Tournesol ; dans les jardins et au travers des champs, on voit au mois de juillet et d'août, ses larges disques rayonnés flamboyer au sommet de tiges robustes grosses comme celles d'un jeune arbre. Au point de vue de la décoration florale, ce Soleil, simple ou double, ne peut guère servir qu'exceptionnellement, dans des garnitures de dimensions monumentales. Il a eu pour-

Fig. 65. — Soleil double à fleurs en globes (*Helianthus annus globosus fistulosus*)

tant son moment de vogue en Angleterre quand le mouvement dit « esthétique » l'a fait adopter pour fleurs d'appartements et même de corsage. Il en existe une variété nouvelle à fleur d'un jaune très pâle, à peine écorce de citron, et à disque noir, qui est vraiment fort jolie.

Le Soleil du Texas (fig. 66), *H. argophyllus*, a les fleurs bien plus petites, plus nombreuses, à disque central brun et à feuilles argentées. C'est une plante ramifiée, vigoureuse, à floraison successive qui fournit des fleurs pendant toute la belle saison.

Encore plus élégant et d'un emploi plus facile dans les bouquets de toute sorte, est le SOLEIL A FEUILLES DE

FIG. 66. — Soleil du Texas (*Helianthus argophyllus*).

CONCOMBRE (fig. 67) qui donne une profusion de fleurs jaune d'or à centre noir, pas beaucoup plus grandes que celles d'un Coréopsis, et d'une grande élégance de port et de forme.

Tous les Soleils se sèment au premier printemps, en place où en pépinière. Ce sont des plantes d'une extrême rusticité qui pullulent sans culture dans les immenses plaines de l'Amérique du Nord. A l'ouest du Mississipi, j'ai vu des centaines et des milliers d'hectares jaunes des fleurs du Soleil sauvage.

FIG. 67. — Soleil à feuilles de concombre (*Helianthus cucumerifolius*).

Stevia serrata. — Cette petite Composée mexicaine à laquelle personne ne s'est donné la peine, jusqu'ici, de trouver un nom français usuel, est cependant une des plantes les plus cultivées par les jardiniers fleuristes et par ceux qui font métier de les approvisionner. Le *Stevia serrata* qu'on pourrait décrire comme Agerate à fleurs blanches, buissonnant et fastigié, est une plante vivace dans les climats chauds, mais fleurissant très bien en quelques mois et extrêmement utile et commode pour la confection des bouquets. C'est une des plantes qui partagent, avec le Gypsophila élégant, le rôle de garnitures légères dans les bouquets et corbeilles. Le feuillage assez abondant, allongé, denté, d'un vert gai produisant à distance l'effet d'une fronde de fougère, accompagne et seconde très bien les capitules floraux qui sont blancs presque plumeux et d'une grande légèreté (fig. 68). Le Stevia passe facilement inaperçu dans les jardins d'a-

FIG. 68. — Stevia à feuilles dentées (*Stevia serrata*).

mateurs ; chez les fleuristes où il est considéré comme d'une grande utilité, on a soin de le semer tous les ans sur couche, en avril, pour le mettre en place en mai-juin ; on en obtient des fleurs à la fin de l'été. Des pieds hivernés sous bâche ou en orangerie donnent, l'année suivante, des fleurs dès la fin du printemps.

Thlaspis. *Iberis amara*, *I. umbellata*, *I. pinnata*, etc.—

Tous ces Thlaspis qui sont, à l'état sauvage, indigènes en France ou au moins dans l'Europe méridionale, sont au nombre des plantes les plus rustiques et les plus faciles à cultiver. Le THLASPI BLANC COMMUN qui croît naturellement dans les moissons, surtout en terres calcaires, n'est pas à dédaigner pour les bouquets. Bien plus intéressante et plus décorative est sa variété dite THLASPI

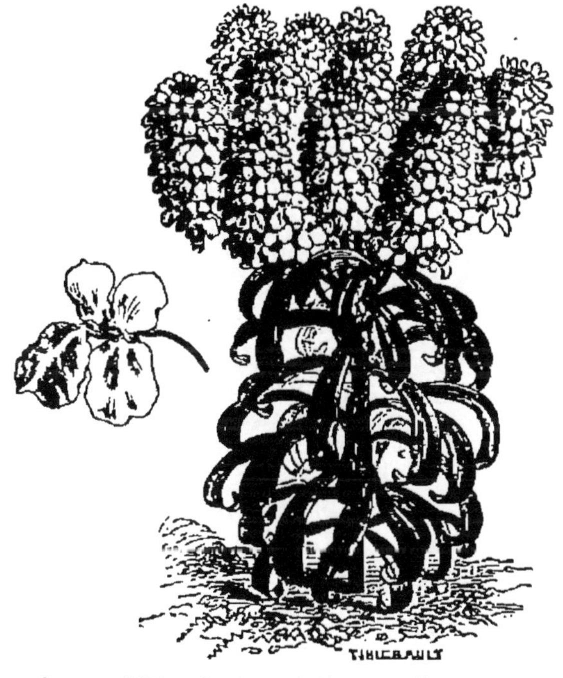

FIG. 69. — Thlaspi blanc Julienne (*Iberis amara*, var.)

JULIENNE (fig. 69), à grandes fleurs blanches disposées en rameaux allongés et très garnis qui simulent presque une inflorescence de Jacinthe. Par une particularité curieuse et dont le Thlaspi Julienne est seul à donner l'exemple, la culture automnale permet d'obtenir une floraison incomparablement plus belle que les semis de printemps. De sorte que la même graine, suivant qu'elle a été mise en terre avant ou après l'hiver, produit des plantes tellement dissemblables, qu'elles semblent appartenir à des variétés tout à fait différentes.

Les diverses races du THLASPI LILAS OU EN CORYMBE (fig. 70) présentent un assortiment de nuances très tranchées et très fraîches qui vont du blanc pur au violet foncé ; les coloris rose carné et rose vif sont tout particulièrement remarquables par la douceur de leurs teintes.

FIG. 70. — Thlaspi violet foncé ou en corymbe (*Iberis umbellata*, var.).

Tous les Thlaspis réussissent bien semés à l'automne et hivernés sous châssis froid ou sous abris mobiles; les espèces à végétation rapide, comme le Thlaspi commun et le Thlaspi odorant, peuvent parfaitement être semées en avril, en place.

Verveines, *Verbena Aubletia*, *V. venosa*, *V. teucrioïdes*, etc. — Les plus belles et les plus appréciées des Verveines sont les races dites HYBRIDES dérivées du VERBENA TEUCRIOÏDES; on en possède, en effet, des variétés d'une grandeur de fleurs, d'une richesse et d'une variété de coloris tout à fait remarquables; et la plupart des races sont aujourd'hui si bien fixées qu'elles se reproduisent dans une proportion très large par la voie du semis. Il

FIG. 71. — Verveines italiennes (*Verbena hybrida* var.).

existe, dans les Verveines hybrides, des variétés compactes d'une végétation beaucoup moins diffuse et rampante que les formes anciennes; celles-ci restent cependant les plus utiles pour beaucoup d'emplois et tout particulièrement pour fournir des fleurs à couper; elles ont, en effet, une tige plus longue et plus souple.

En outre des très nombreuses variétés à fleurs unicolores qui se cultivent, on en possède une race à fleurs striées (fig. 72) présentant à la fois un fond blanc uni et des stries vivement colorées qui forment contraste ; souvent la moitié d'une fleur est blanche et l'autre teintée, quelquefois une fleur entièrement de couleur se trouve à côté d'une fleur entièrement blanche ; en un mot, la panachure se répartit, soit entre l'ombelle entière, soit entre les fleurs qui la composent. On connaît cette race à fleurs striées sous le nom de VERVEINE ITALIENNE.

FIG. 72. — Verveine hybride compacte à œil blanc (*Verbena hybrida*, var *auriculæ flora*).

Une autre race dite OCULÉE, ou à FLEURS D'AURICULES, présente un centre blanc entourant l'ouverture du tube, pendant que le reste de la corolle offre une teinte plus ou moins foncée. Ces fleurs sont extrêmement jolies et produisent beaucoup d'effet. Enfin il existe une race encore très peu répandue, à fleurs extrêmement grandes, atteignant même les dimensions d'une Primevère des jardins et présentant tous les coloris imaginables, mais montrant surtout de très grandes fleurs dans les coloris tendres. Toutes ces races de Verveines hybrides méritent d'être cultivées par les fleuristes. On les sème au prin-

Fig. 73. — Zinnia du Mexique à fleurs doubles (*Zinnia Mexicana Haageana flore pleno*). Voy. p. 123.

temps en pépinière ou en place dès que les froids sont passés, ou mieux pour avancer la floraison, sur couche au mois de mars. Quand on veut multiplier sûrement et sans variation, une belle plante de semis, le bouturage est le seul moyen absolument certain.

Zinnias. *Zinnia elegans ; Z. mexicana* (fig. 73). Les Zinnias à grandes fleurs bien doubles sont d'une régularité un peu froide et monotone et comme les Dahlias, déplaisent à beaucoup de personnes. J'avoue que je suis du nombre.

Fig. 74. — Zinnia double pompon (*Zinnia elegans*, var.).

Je dois reconnaître cependant le grand mérite décoratif que ces plantes possèdent. Mais de même que je préfère les Dahlias simples et les Dahlias Lilliput aux grosses cocardes si irréprochablement tuyautées que les amateurs baptisent et cataloguent, de même dans les Zinnias je réserve mes sympathies aux *Zinnias pompons* dont les fleurs ne dépassent pas beaucoup les dimensions d'une très grosse Pâquerette (fig. 74). Jolis, gracieux, élégants, ils peuvent entrer dans tous les bouquets sans écraser les autres fleurs par leur lourde symétrie. C'est pour les mêmes raisons que je fais cas aussi du ZINNIA DU MEXIQUE (fig. 73), soit à fleurs simples, soit à fleurs doubles, dont le coloris jaune orangé apporte une nuance peu commune dans les groupes de fleurs variées.

Les Zinnias se sèment de mars en avril, soit simplement en pépinière, soit sur couche. Ce dernier mode d'opérer, sans être indispensable est certainement à préférer, car il donne des plantes plus vigoureuses et à floraison plus abondante.

II. LES PLANTES BISANNUELLES

Il faut, il est vrai, acheter la floraison de ces plantes au prix de passablement de prévoyance et de patience, puisqu'il faut les semer au printemps de l'année qui précède celle où l'on sera récompensé de ses peines. Mais il faut reconnaître, par contre, que la floraison en est ordinairement d'une abondance et d'un éclat qui compensent largement l'attente à laquelle elle a donné lieu. En outre, les plantes bisannuelles dont nous parlerons ici sont d'un tempérament absolument rustique, tellement que, mises en place au bout de quelques mois ou de quelque semaines à la première année de culture, elles ne demandent ensuite, jusqu'à leur floraison, que les soins d'entretien les plus élémentaires.

C'est bien le cas pour les espèces suivantes :

Campanule Carillon. *Campanula medium* (fig. 75). — Assurément une des plus belles et des plus connues des

Fig. 75 — Campanule carillon à fleurs doubles (*Campanula medium, flore pleno*).

plantes bisannuelles. Cette superbe Campanule à floraison printanière est une des plantes dont les fleurs se prêtent le mieux aux décorations à grand effet. On la voit très fréquemment dans les jardins de campagne et les fleuristes les plus avancés n'ont garde de la négliger. A part qu'elle demande un sol exempt d'humidité stagnante, c'est une des plantes les plus faciles à cultiver et dont les fleurs sont les plus remarquables. Il en existe aujourd'hui un si grand nombre de variétés qu'il serait trop long de les énumérer toutes.

Aux anciennes races violettes, blanches, roses, se sont ajoutés les coloris violet rougeâtre, gris de lin, lilas poin-

FIG. 76. — Campanule carillon à calice petalloïde (*Campanula medium calycanthema*).

tillé qui sont tous fort jolis. Il existe en outre, des variétés doubles et des variétés à calices transformés en une seconde enveloppe colorée qu'on appelle les Campanules calycanthèmes (fig. 76).

La floraison se produit d'ordinaire en mai et se prolonge jusqu'en juin. On en fait un peu varier l'époque en semant plus ou moins tôt; l'époque la plus favorable est le mois de mai; en attendant plus tard, on risque de voir les plantes ne fleurir que la troisième année.

Coquelourdes. *Agrostemma coronaria, A. flos Jovis.* — Les deux Coquelourdes, celle *des jardins* (fig. 77) et *la fleur de Jupiter* (fig. 78) sont au nombre des plus vieilles plantes cultivées. Absolument rustiques, produisant dès le mois de mai une masse sans cesse renouvelée de jolies

Fig. 77. — Coquelourde des jardins (*Agrostemma coronaria*).

Fig. 78. — Coquelourde, fleur de Jupiter (*Agrostemma flos Jovis*).

fleurs larges et brillantes, donnant un feuillage laineux et portées sur des pédoncules qui permettent d'en faire des gerbes et des bouquets élégants, elles méritent toute l'attention des fleuristes. Les corolles de la *fleur de Jupiter* sont frangées et d'un rose vif; celles de la Coquelourde des jardins sont tantôt blanc pur, tantôt blanches à centre rose, tantôt rouge carminé ou rouge sang.

Les Coquelourdes se sèment en mai-juin, se repiquent en pépinière et se mettent en place, soit à l'automne, soit seulement au printemps.

Cupidone. *Catananche cærulea.* — On connaît peu, en général, cette jolie fleur dans les environs de Paris. Elle mérite pourtant, à tous égards, d'être cultivée. Dans le midi de la France où elle croît sauvage dans les pier-

FIG. 79. — Cupidone *(Catananche cærulea).*

res et dans les talus rocheux, on en cueille les fleurs bleues pour les sécher en vue des bouquets d'hiver.

D'une touffe assez compacte de feuilles étroites, dentées, s'élèvent des pédoncules très minces et très longs, fermes et souples comme des joncs, dont chacun porte une seule fleur, bleue ou blanche, suivant la variété, toujours marquée au centre d'une tache plus foncée qui fait bien ressortir la couleur claire et unie des rayons. La base de la fleur est entourée d'écailles menbraneuses presque transparentes, argentées, brillantes qui sont fort jolies par elles-mêmes et conservent tout leur éclat en séchant. Ce sont elles qui contribuent, tout autant que les autres parties de la fleur, à la faveur dont elles jouissent comme fleurs d'hiver.

On sème les Cupidones d'avril en juillet et elles fleurissent au printemps suivant.

Elles réclament une terre très saine et un peu d'abri l'hiver, surtout si les plantes sont déjà fortes. Elles fleurissent abondamment tout l'été et peuvent durer plusieurs années, mais il y a intérêt à renouveler les semis tous les ans.

Digitales. *Digitalis purpurea* var. — Bien qu'elles puissent être considérées comme plantes vivaces, les Digitales sont tellement plus vigoureuses à leur première année de floraison, qu'il y a tout avantage à les ressemer tous les ans. Bien cultivées, dans une terre saine, drainée et riche en potasse, elles peuvent donner des rameaux de deux mètres garnis de fleurs élégamment pendantes qui forment une frange légère sur plus de la moitié de leur hauteur.

On a obtenu de la digitale commune de nos bois, deux variétés, l'une à *fleurs blanc pur* et l'autre à *fleurs roses* qui contrastent agréablement avec la forme commune à fleurs pourprées.

On cultive, en outre, sous le nom de *Digitale gloxinioïde* (fig. 80) une race à fleurs très larges, relativement courtes et bien ouvertes dont le tube est tout pointillé de petites taches foncées sur fond plus clair ; on en cultive une variété pourpre, une blanche et une rose. Les rameaux coupés et mis dans l'eau s'y conservent fort bien et peuvent servir à former des gerbes élancées d'un effet hardi.

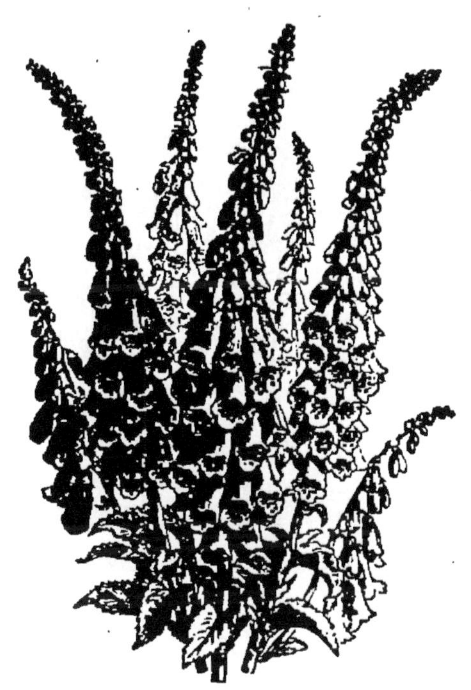

FIG 80. —. Digitale gloxinioïde (*Digitalis purpurea*, var.).

La Digitale demande à être semée de bonne heure et mise promptement à la place où elle doit fleurir. On se trouvera donc bien de semer en avril et de la planter à demeure en août ou septembre.

Galane barbue. *Chelone barbata.* — Très rustique et d'une réussite toujours assurée, la Galane barbue est une excellente plante à cultiver pour bouquets (fig. 81). Elle donne de longs rameaux abondamment garnis de fleurs d'un rouge écarlate vif ressemblant à de petites branches de corail et très élégamment étagées en verticilles superposés.

La floraison en est assez longuement successive et dure presque tout l'été. Culture des Coquelourdes.

FIG. 81. — Galane barbue (*Chelone barbata*).

Gaura Lindheimeri. — Ce nom peu aisé à retenir s'applique à une très jolie et très gracieuse fleur de l'Amérique du Nord que presque tout le monde connaît et que bien peu de personne savent comment nommer (fig. 82). Elle appartient à la famille des Onagrariées et produit de nombreux rameaux très longs et très effilés sur lesquels s'ouvrent successivement, de bas en haut, et jamais plus de deux ou trois à la fois, des fleurs blanches de forme irrégulière rappelant assez exactement des papillons blancs à ailes étroites qui y seraient légèrement posés. On fait grand usage de cette fleur dans les jardins publics de Paris, et les fleuristes qui la connaissent en tirent bon parti dans les bouquets légers.

La végétation du Gaura est relativement rapide. On peut le semer de juin en septembre pour le voir fleurir l'année suivante. Les semis les plus précoces donnent les plantes les plus vigoureuses et les plus hâtives à fleurir.

Fig. 82. — *Gaura Lindheimeri.*

Œillets de poète. *Dianthus barbatus*, var. — L'Œillet de poète qu'on appelle aussi, suivant les pays : *Bouquet tout fait*, *Jalousie*, etc., estune des plantes les plus populaires et les plus anciennement cultivées. Les inflorescences élargies dont chacune constitue un bouquet tout fait peuvent manquer de grâce et de légèreté, mais elles font un grand effet par leur masse et par leurs coloris variés généralement de teintes vives et éclatantes.

On cultive maintenant des races à fleurs blanc pur, rouge écarlate, brun noir à feuillage bronzé qui produisent d'excellents effets décoratifs. On a fixé aussi des variétés à fleurs très larges, régulièrement arrondies, marquées chacune d'une tache centrale et d'une bordure de couleur plus claire que la partie moyenne des pétales. C'est ce qu'on appelle l'*Œillet de poète oculé marginé*.

Les variétés à fleurs doubles (fig. 83) se multiplient aussi par le semis ainsi qu'une variété naine assez bien fixée, mais les races ordinaires à tiges florales de 50 à

Fig. 83. — Œillet de poète double (*Dianthus barbatus flore pleno*).

60 centimètres de hauteur sont certainement préférables pour les fleuristes.

La culture des Œillets de poète est des plus simples. On les sème dans le courant du printemps pour les transplanter en pépinière et les mettre en place à la fin de l'été ou en automne. Ils sont rustiques et n'ont qu'exceptionnellement besoin d'être abrités durant les très grands froids ou dans les moments de dégel.

Roses trémières. *Althæa rosea.* — Cette belle fleur connue de tous peut être donnée comme le type de la plante bisannuelle, en ce sens qu'elle ne fleurit à la seconde année qu'à la condition d'avoir été semée dès le commencement de la première. Elle met un an plein à constituer ses touffes vigoureuses de grandes feuilles arrondies et faiblement ondulées, du centre desquelles sortira plus tard une haute tige feuillée et garnie de

Fig. 84. — Rose trémière (*Althæa rosea*).

fleurs souvent sur une hauteur de 2 mètres. Même simple, la Rose trémière est fort ornementale, et mérite d'être cultivée surtout pour son aspect pittoresque dans les jardins. Mais les variétés à *fleurs doubles* (fig. 84) qui sont en grand nombre sont, de plus, fort utiles, soit en tiges entières pour faire des gerbes et bouquets de grandes dimensions, soit en fleurs séparées pour garnitures basses.

On distingue deux races de Roses trémières doubles ; l'une à fleur large, composée d'un pompon central de grandeur moyenne entouré d'une très large collerette formée par les pétales extérieurs, l'autre à pompon central très développé et très bombé, et à peine dépassé par la collerette, c'est ce qu'on appelle la *Rose trémière anglaise.*

On sème les Roses trémières en mars, sous châssis à froid, ou en avril en pleine terre, pour les mettre en place en mai. Elles passent l'hiver sans abri.

III. Les Plantes vivaces

Les plantes vivaces présentent pour la production des fleurs à couper, ce double avantage qu'une fois bien installées, elles donnent leur floraison d'année en année, presque sans coûter aucun soin, et qu'ayant pour la plupart des tiges plus fermes et plus consistantes que celles des plantes annuelles, elles sont plus aisées à mettre en bouquet et souvent se conservent mieux dans l'eau que ces dernières. Les climats analogues au nôtre nous ont donné une grande quantité de plantes vivaces à fleurs variables de port, de forme et de couleur parmi lesquelles le fleuriste industriel ou amateur n'a que l'embarras du choix. On ne pourra donner ici que l'énumération des plus jolies plantes vivaces avec quelques détails succincts sur chaque espèce citée :

Achillée ptarmique *à fleurs doubles.* — Cette jolie forme d'une plante indigène de nos bois est un des *Boutons d'argent* des fleuristes; c'est une plante extrêmement vivace, très rustique, donnant en abondance de jolies fleurs blanches ressemblant à celles d'une petite Camomille; il en existe, comme de diverses Matricaires, deux formes distinctes, l'une bien double, mais ayant dans le centre quelques fleurons tubuleux, donne de la graine et se reproduit facilement par le semis; l'autre, complètement double à fleurs plus grandes et d'un blanc plus pur, est stérile et ne peut se multiplier que par division des touffes.

Ancolies. *Aquilegia glandulosa, A. Canadensis, A. chrysantha*, etc. — Peu de plantes présentent un port aussi élégant, et en même temps une diversité de coloris aussi grande que les Ancolies cultivées; elles proviennent d'un grand nombre de types sauvages différents, dont presque autant appartiennent au nouveau monde qu'à l'ancien continent.

De l'Ancolie commune, plante indigène, sont sorties deux races principales qui se cultivent plus que toutes les autres en vue de leurs fleurs; ce sont l'*Ancolie double des jardins*, et l'*Ancolie* dite *hybride double.* Dans la première, les pièces florales munies d'un éperon en forme de corne d'abondance sont répétées un grand nombre de fois, et c'est par leur multiplication que la fleur devient double. Il existe, de l'Ancolie des jardins, une foule de variétés de couleurs diverses; deux des plus curieuses sont : la PANACHÉE DE DURAND, et la PANACHÉE BLANCHE

ET BLEUE dans laquelle le blanc et une couleur foncée se mélangent en proportions diverses, tantôt sur les différentes fleurs d'un même pied, tantôt dans une même fleur.

FIG. 85. — Ancolies variées (*Aquilegia glandulosa* et var.).

L'Ancolie double hybride n'a pas d'éperon; la fleur y est formée entièrement par des rangées emboîtées les unes dans les autres de pièces planes et pointues présentant presque autant de coloris variés que les Anémones des fleuristes; ce sont de très jolies fleurs gracieuses et élégantes qu'on reconnaît très difficilement, à première vue, pour être de la même espèce que les Ancolies ordinaires.

L'ANCOLIE BLEUE, *Aquilegia cærulea*, de l'Amérique du Nord, est d'autant plus remarquable par la beauté et l'ampleur de ses fleurs, que le feuillage en est moins développé et les tiges plus menues (fig. 86) ; c'est une

FIG. 86. — Ancolie bleue (*Aquilegia cærulea*).

charmante plante à floraison très précoce, mais malheureusement un peu trop sensible à l'effet des gelées tardives. Il en existe une variété à fleurs doubles extrêmement jolie, mais assez délicate.

L'Ancolie du Canada, *Aquilegia Canadensis* (fig. 87), et celle de Skinner, *Aquilegia Skinneri*, se ressemblent par le coloris rouge cuivré légèrement bordé de jaune de leurs fleurs.

Fig. 87. — Ancolie du Canada (*Aquilegia Canadensis*).

L'Ancolie de Californie hybride dont l'origine primitive n'est pas bien déterminée, présente le même coloris avec une taille plus élevée et un port plus vigoureux; elle se raproche sous ce rapport de l'Ancolie a fleurs jaunes, *Aquilegia chrysantha* (fig. 88), qui est une des plus rustiques et des plus vigoureuses de toutes les Ancolies. Elle fleurit beaucoup plus tard que les autres, ne commençant guère à donner ses fleurs que dans le courant de juin. C'est une excellente fleur à bouquet, comme les autres Ancolies, et elle est particulièremet remarquable par la longueur de ses éperons.

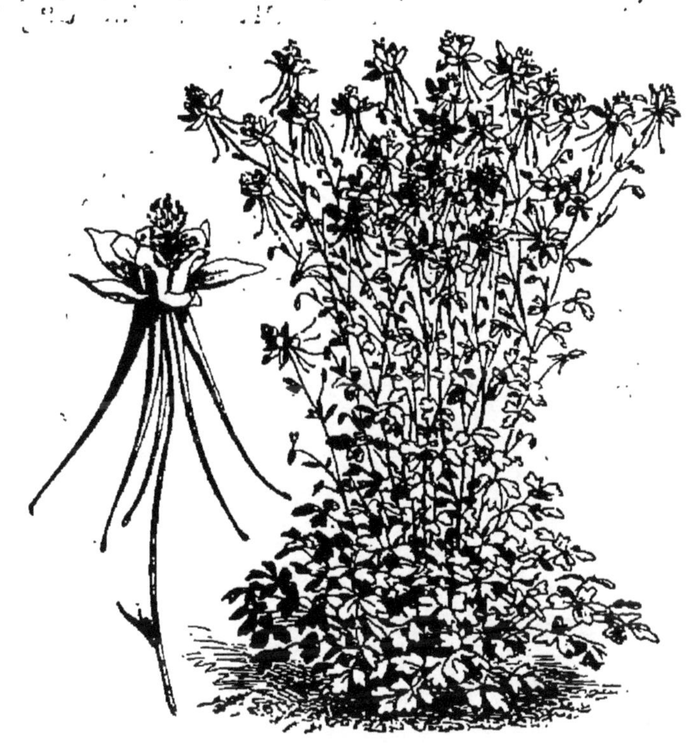

Fig. 88. — Ancolie à fleurs jaunes (*Aquilegia chrysantha*).

Arabette des Alpes, *Arabis Alpina*, plus connue sous le nom de *Corbeille d'argent;* cette jolie plante rustique et vivace est une des premières qui se couvrent de fleurs à la sortie de l'hiver; on la voit peu dans les jardins élégants, mais elle est commune à la campagne et n'est pas dédaignée des fleuristes à qui elle donne, sans frais, de grosses bottes de fleurs d'un blanc très pur, presque nacré, dans une saison où les fleurs sont encore rares; elle se multiplie très facilement, chaque rameau mis en terre prenant rapidement racine; il y a, de plus, des races donnant de la graine et pouvant se multiplier par le semis.

Asters. *Aster amœnus, A. turbinellus, A. ericoïdes*, etc. — On désigne sous le nom collectif d'Asters tout un groupe de Composées à floraison automnale, presque

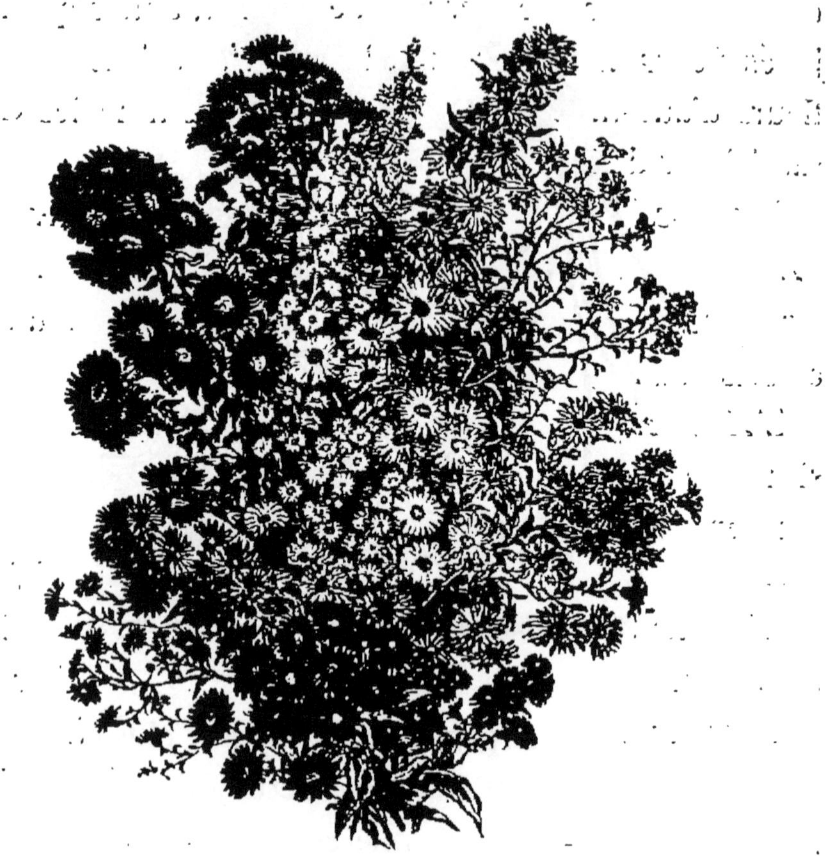

Fig. 89. — Asters vivaces variés (*Aster species*).

toutes originaires de l'Amérique du Nord, qui forment des touffes plus ou moins légères, couvertes de jolies fleurs lilas bleuâtre, plus rarement blanches ou rosées (fig. 89). Absolument rustiques, très durables, ne demandant aucun soin et pouvant fleurir pendant une longue série d'années, les Asters trouvent leur place dans tous les jardins, de même qu'au pourtour des bâtiments ou dans les grands parcs.

Leurs tiges raides, presque ligneuses, ramifiées, se prêtent admirablement à la confection des grands bouquets auxquels elles servent de soutien, tandis que leurs jolies fleurs nombreuses et légères s'associent bien aux fleurs d'automne plus volumineuses, comme les Chrysanthèmes de l'Inde ou les Dahlias.

Les plus élégants des Asters sont les races dérivées de l'*Aster turbinellus ;* les rameaux en sont très divergents, les fleurs espacées, d'une forme parfaite et d'un joli coloris lilas.

L'*Aster ericoïdes* est à fleurs blanches très petites, mais si nombreuses qu'elles couvrent les rameaux et leur donnent une apparence plumeuse.

Les *Aster Novæ-Angliæ*, violets et rouges, diffèrent notablement des autres espèces par la grandeur de leurs fleurs composées de fleurons étroits presque filiformes.

Tous les Asters sont d'excellentes fleurs à couper. La culture en est de la plus grande simplicité. Semés au printemps ou en été, ils fleurissent l'année suivante. En les semant sur couche en février, on peut les voir fleurir l'année même, et ensuite le moindre éclat enraciné reproduit la plante qui peut durer plus de dix ans, donnant sans aucun soin ses jolis bouquets légers, à une saison où les fleurs de pleine terre deviennent rares.

Astilbe rivularis. — Cette jolie plante est voisine de la Spirée, barbe de bouc, grande herbe commune sur les bords des ruisseaux de montagne, et susceptible de culture (fig. 90). Elle est préférable à l'espèce indigène par la forme plus légère, plus élégante et par la plus grande abondance de ses panaches blancs qui trouvent leur emploi dans les bouquets en gerbe et dans la garniture des grands vases d'appartements.

FIG. 90. — Astilbe des rivages (*Astilbe rivularis*).

L'Astilbe se multiplie par division des touffes et prospère en toute terre de jardin un peu profonde et modérément fraîche. La floraison a lieu en juin.

Benoîte écarlate. *Geum coccineum.* — Les plantes vivaces à fleurs écarlates ne sont pas très communes ; à ce titre, la plante dont il est question (fig. 91), peut rendre quelquefois des services; elle est absolument rustique et donne de mai en juillet, une abondante floraison qui, moyennant quelques arrosements, se répète à l'automne ; les tiges sont longues, aisées à mettre en bouquet, les fleurs qui ont la forme d'une petite rose simple, dans la race ordinaire, sont encore plus ornementales et plus durables dans la race semi-double qui doit être préférée pour la culture.

FIG. 91. — Benoîte écarlate semi-double à grandes fleurs (*Geum coccineum*, var.).

Boltonia. *Boltonia glastifolia*, *B. latisquama* (fig. 92). — Assez voisins des Asters, et originaires comme eux de l'Amérique du Nord, les Boltonias se distinguent, pour l'observateur non botaniste, par leurs tiges et leurs feuilles très glabres et d'un vert cendré ; les fleurs sont portées à l'extrémité de ramifications très minces presque filiformes quoique fermes et résistantes ; elles forment des bouquets très légers et faciles à associer à d'autres fleurs. La couleur en est franchement lilas. Comme les

Asters, on peut les multiplier de graines, et une fois bien installés, de divisions enracinées.

FIG. 92. — *Boltonia latisquama.*

Caltha. *Caltha palustris*, var. *Caltha à fleurs doubles.* — Commun aux bords des cours d'eau dans toute la France, le *Caltha palustris* ou *Populage*, se fait remarquer au premier printemps par l'abondance et l'éclat de ses grandes fleurs jaune d'or ; il en existe une variété à fleurs pleines imitant un énorme bouton d'or et méritant vraiment d'être cultivée à cause de sa beauté et de sa longue conservation dans l'eau. Les tiges coupées peuvent en effet, rester fraîches pendant plusieurs jours et s'ouvrir successivement. Le *Caltha double* ne donne pas de graines, mais se multiplie facilement au printemps par division des touffes.

Campanules vivaces. *Campanula persicæfolia, C. latifolia, C. celtidifolia, C. Carpatica.* — De très nombreuses espèces de Campanules peuvent être cultivées comme plantes vivaces en vue des fleurs coupées. Une des meilleures est la CAMPANULE A FEUILLES EN CŒUR, *C. Carpatica* (fig. 93), dont les grandes fleurs en cloche très évasée

FIG. 93. — Campanule à feuilles en cœur (*Campanula Carpatica*).

sont portées isolément au bout des tiges, ou rarement réunies deux ou trois sur des tiges peu ramifiées.

La CAMPANULE A FEUILLES LARGES (fig. 94), *C. latifolia*, est aussi remarquable par la vigueur de sa végétation que par la grandeur de ses fleurs; celles-ci, malheureusement, passent vite surtout en plein air et au grand soleil; elles se conservent assez bien sur les tiges coupées et mises dans l'eau.

La CAMPANULE A FEUILLE DE PÊCHER, *C. persicæfolia* (fig. 95), est une des plus cultivées par les fleuristes des environs de Paris ; elle est, en effet, très rustique et très durable, ses rameaux longs et élancés entrent facilement dans les bouquets de toute sorte, et elle donne des fleurs pendant une bonne partie du printemps et de l'été. On en estime surtout les variétés à fleurs doubles, violettes et blanches ; les rameaux coupés se conservent

Fig. 94. — Campanule à larges feuilles *(Campanula latifolia)*.

Fig. 95. — Campanule à feuilles de pêcher *(Campanula persicæfolia)*

bien dans l'eau et y épanouissent leurs boutons. Toutes ces campanules peuvent se multiplier par division des touffes, toutes, excepté la dernière, peuvent aussi se multiplier par le semis.

Campanules a grandes fleurs, *Platycodon grandiflorum, P. automnale*. — Très belles plantes vivaces, de longue durée, ces Campanules se recommandent par la grandeur de leurs fleurs ouvertes en coupe et se terminant par cinq larges dents pointues ; considérées d'abord comme assez délicates et demandant la terre de bruyère, elles se sont, au contraire, montrées parfaitement rustiques et accommodantes, et réussissent en toute terre de jardin saine et bien drainée. Les tiges en sont lisses ainsi

Fig. 96. — Campanule à grandes fleurs *(Platycodon grandiflorum)*.

que le feuillage et toutes les parties de la plante laissent échapper, lorsqu'on les brise, un suc laiteux assez abondant ; il est bon de soutenir les tiges au moyen de tuteurs car les fleurs donnent beaucoup de prise au vent lorsqu'elles sont ouvertes.

L'espèce automnale qui, dans notre climat, fleurit à partir de la fin de juillet, a les tiges plus grosses et plus fortes que l'espèce ordinaire ; toutes deux ont une variété à fleurs bleu un peu ardoisé et une variété dite blanche qui est plutôt d'une teinte laiteuse très légèrement bleuâtre. Ces *Campanules à grandes fleurs* sont des plantes extrêmement ornementales qui mériteraient d'être mieux connues et plus généralement cultivées,

Centaurée des Montagnes. *Centaurea montana.* — Proche parent du Bleuet commun, celui des montagnes a les tiges plus courtes et les fleurs de beaucoup

FIG. 97. — Bleuet des montagnes (*Centaurea montana*).

plus grandes et plus larges ; on le cultive beaucoup dans les environs de Paris pour en couper les fleurs qui sont très recherchées ; elles ont le grand avantage de pouvoir être produites, pour ainsi dire, en toute saison (fig. 97) ; elles se succèdent, en effet, sur les plantes, depuis le mois d'avril jusqu'en juillet et recommencent souvent à se montrer sur les vieux pieds pendant l'automne, tandis qu'on les obtient aisément à la même époque sur de jeunes plantes semées à la fin de l'hiver.

Il en existe des variétés à fleurs lilas, roses et blanches, mais la forme ordinaire à fleurs bleues est toujours la plus estimée.

Chrysanthème de l'Inde. *Chrysanthemum Indicum.* — Il y a trois ans qu'on célébrait dans toute l'Europe, le centenaire de l'introduction du Chrysanthème. C'est dire que la plante est d'importation relativement récente et cependant il en est peu qui occupent une aussi grande place dans l'industrie horticole ou dans le commerce des fleurs.

Il est très probable que, pour la plupart des fleuristes des grandes villes, les Chrysanthèmes viennent en premier lieu après les Roses et les Œillets par l'importance des affaires auxquelles elles donnent lieu. Leur très grand mérite, en dehors même de la beauté des fleurs et de la variété des coloris, c'est l'époque tardive de leur floraison qui fait qu'elles abondent à une saison où les autres fleurs ne peuvent être obtenues qu'au moyen d'artifices coûteux de culture.

Des expositions spéciales, d'année en année plus fréquentes, commencent à familiariser le public avec les différentes formes que peut prendre cette fleur essentiellement variable ; on reste cependant étonné devant le contraste que présentent des fleurs appartenant à la même espèce et dont quelques-unes dépassent notablement en volume les plus gros Dalhias, tandis que d'autres n'excèdent pas les dimensions d'un bouton d'or. La forme et la disposition des fleurons ne diffèrent pas moins que leurs dimensions, et c'est le caractère sur lequel sont principalement établies les distinctions entre les différentes races. Ce qui est commun à tous les Chrysanthèmes, c'est le tempérament rustique qui leur permet de vivre sans abri ni protection dans notre climat, et de subsister au dehors pendant de longues années. Toutes les variétés de Chrysanthèmes ne peuvent pas, il est vrai, fleurir, et surtout donner leur floraison dans toute sa beauté sans être quelque peu protégées des froids et des pluies, mais lors même que les fleurs souffrent plus ou moins des intempéries, les parties souterraines de la plante résistent comme on l'a bien vu à la suite du dernier hiver.

On a coutume de diviser les Chrysanthèmes en trois sections principales dont chacune se subdivise en un nombre de races plus ou moins grand.

La première section est celle des CHRYSANTHÈMES POMPONS dont les fleurs sont très petites (fig. 98) extrêmement nombreuses, généralement bombées et d'une forme très régulièrement arrondie ; on y trouve toutes les teintes du jaune, du rose, du rouge vineux, du brun plus ou moins foncé, ainsi que le blanc pur. Les Chrysanthèmes pompons réussissent ordinairement très bien en pleine terre et sont de ceux qui conviennent le mieux à la formation des massifs à floraison automnale.

CHRYSANTHÈMES A FLEURS MOYENNES (fig. 99). Cette section, des plus nombreuses est une de celles qui se subdivisent le plus ; on y distingue, en effet, les *fleurs imbriquées* où les ligules se renversent légèrement en arrière et se recouvrent les unes les autres, comme celles d'un Souci; et les variétés *à fleurs de Pivoine* (fig. 100) dont les fleurons se recourbent vers

Fig. 98. — Chrysanthème pompon (*Chrysanthemum Indicum*, var.).

Fig. 99. — Chrysanthème à fleurs imbriquées (*Chrysanthemum Indicum*, var.)

Fig. 100. — Chrysanthème à fleurs de pivoine (*Chrysanthemum Indicum*, var.).

le centre de la fleur comme dans les Reines-Marguerites appelées également Pivoines. C'est encore aux Chrysanthèmes à fleurs moyennes qu'il faut rapporter la plupart des variétés dites *d'été*, à floraison extrêmement précoce commençant à se produire à partir du mois de juillet. Il y a, en effet, des amateurs passionnés de Chrysanthèmes qui cherchent à allonger de toutes manières la saison de leur fleur favorite et qui ne craignent pas de l'exposer en plein été à la comparaison avec les Reines-Marguerites, les Zinnias, les Dahlias et les autres composées de cette saison.

La troisième section qui n'est pas toujours la plus facile à cultiver, mais qui est certainement la plus remarquable et

FIG. 101. — Chrysanthème japonais (*Chrysanthemum Indicum*, var.).

FIG. 102. — Chrysanthème japonais autre forme (*Chrysanthemum Indicum*, var.).

celle à laquelle les Chrysanthèmes doivent surtout la faveur dont ils jouissent, c'est la race *japonaise* (fig. 101) caractérisée par la disposition irrégulière et quelque peu échevelée de ses fleurons. Tous les coloris qui existent dans les différentes races de Chrysanthèmes se retrouvent dans cette section, et on y voit en plus des tons cuivrés et mordorés qui ne se rencontrent pas dans les autres.

Les CHRYSANTHÈMES JAPONAIS se présentent aussi bien à fleurons aplatis qu'à fleurons tubuleux (fig. 102) ; ces derniers vont parfois s'effilant de la base au sommet et se contournant d'une façon bizarre qui donne à la fleur une ressemblance frappante avec les animaux si curieux qu'on appelle Anémones de mer.

Déjà très bizarres et remarquables par elles-mêmes, les fleurs de Chrysanthèmes doivent beaucoup de leur étrangeté à l'art du jardinier; c'est, en effet, par un traitement particulier et très minutieux qu'on arrive à obtenir les énormes fleurs qui parent, pendant les mois d'hiver, les devantures des fleuristes élégants. Souvent, une plante vigoureuse ne porte que trois ou quatre fleurs, parfois une seule, et il faut toute une série de pincements et de suppressions de boutons pour obtenir la fleur monstreuse juste au moment voulu. Il serait impossible d'entrer ici dans le détail des opérations que réclame la production des Chrysanthèmes d'exposition ou de grand luxe. Pour le fleuriste moyen, ainsi que pour l'amateur modeste, il suffit de mettre en pots quelques douzaines ou quelques centaines de plantes, soit dès le printemps, soit à la fin de l'été, en les relevant de la pleine terre. Bien entendu, ces plantes doivent appartenir à des variétés connues et choisies en vue du résultat à obtenir. Pour une culture de ce genre, les Chrysanthèmes à fleurs moyennes de couleurs fraîches et vives, et les plus rustiques et florifères d'entre les japonais sont les races à préférer. Pendant l'automne, les plantes sont tenues au grand air, dans un endroit frais et ombragé, et pincées autant qu'il est nécessaire pour faire bien ramifier la plante, et pour en retarder la floraison jusqu'à l'époque désirée. Laissées à elles-mêmes, en effet, la plupart des races de Chrysanthèmes fleurissent en octobre et novembre, mais il y a souvent un grand intérêt commercial à ne les laisser fleurir que vers l'époque de Noël et des fêtes de la nouvelle année. Comme en novembre et décembre, les temps froids ou humides sont la règle, on doit rentrer dans une serre non chauffée, ou à peine chauffée, mais bien claire, les plantes destinées à la floraison hivernale. Avec un peu de soin, on obtient de la sorte ces belles fleurs d'un blanc de neige ou d'un jaune d'or si éclatant qu'on recherche à bon droit pendant la mauvaise saison. On trouvera ci-après une liste des meilleures variétés de Chrysanthèmes dans les différentes sections.

Chrysanthèmes à petites fleurs

— RACE POMPON —

Aurea.
Baron d'Ulimbert.
Chromatella.
La Fiancée.
La Quintinie.
Lilac cedo nulli.
Mme Bachoux.
Mme Pelé.
M. Pépin.
Mont-d'Or.
M. Ubrick.

Chrysanthèmes à fleurs moyennes

Australie.
Gloire Lyonnaise.
Hermine.
Mlle Marie Lequin.
Mlle Marthe.
Sœur Mélanie.
Souvenir de la reine Mercedes.

Chysanthèmes de l'Inde

— RACES IMBRIQUÉES —

Amédée Dassy.
Céleste Empire.
Colonel Rey.
La Perle.
L'Avenir.
Mlle Renard.
Miniature Japonaise.
Perle précieuse.
Vénus.

Chrysanthèmes japonais

Deuil de M. Thiers.
Gland d'or.
Gloire rayonnante.
Hiver fleuri.
Katakama.
La Charmeuse.
La Frisure.
Lakmé.
Mme Castex Desgranges.
Panache de Henri IV.
Roi des précoces.
Source d'Or.

On peut aussi multiplier les Chrysanthèmes de l'Inde par semis ; des graines récoltées sur de belles variétés donneront toujours des plantes qui ne seront pas banales quoiqu'une forte proportion puisse être à fleurs simples ou semi-doubles (fig. 103). En faisant le semis

FIG. 103. — Chrysanthème de l'Inde, simple ou semi-double (*Chrysanthemum Indicum*, var.).

dès le mois de février, sur couche, on obtient très bien, comme avec les Asters, des plantes de force à fleurir dès l'automne de la même année.

CHRYSANTHÈMES BLANCS HERBACÉS. *Chrysanthemum leucanthemum, C. maximum, C. uliginosum.* — La *grande Marguerite vivace des prés* (fig. 104) a toujours été une des plantes les plus employées dans les bouquets champêtres; on se contente habituellement de la ramasser par grosses bottes dans les prairies avant qu'elles soient fauchées, mais elle mérite assurément d'être cultivée dans les jardins, ne fût-ce que pour en prolonger la floraison comme on peut le faire au moyen de semis à contre-saison ou d'arrosages donnés l'été à des vieux pieds.

FIG. 104. — Grande Marguerite vivace des prés (*Leucanthemum grandiflorum*).

Le *Chrysanthemum maximum* ou *Lacustre*, qui est une espèce distincte quoique proche parente de la grande Marguerite des prés, se cultive de même et donne des fleurs encore plus grandes et plus larges, mais portées sur des pédoncules moins longs et moins effilés.

Une des meilleures plantes d'automne du genre est le *Chrysanthemum uliginosum*, plante élevée, dépassant souvent 1 mètre, à port pyramidal et à floraison très abondante, depuis le commencement d'octobre jusqu'aux gelées. Les fleurs en sont grandes, blanches, peu différentes de celles de la grande Marguerite des prés, mais réunies, au sommet des tiges, en bouquets plus nombreux.

Clématites herbacées. *Clematis recta*, *C. integrifolia*.

Fig. 105. — Clématite dressée (*Clematis recta*).

Fig. 106. — Clématite à feuille entière (*Clematis integrifolia*).

— Ce beau genre si riche en espèces grimpantes, possède quelques formes à tiges courtes qui peuvent se cultiver comme plantes vivaces sans aucun support. Deux surtout méritent d'être signalées à cause du bon parti que l'on peut tirer de leurs fleurs coupées. L'une est la Clématite dressée, *Clematis recta*, haute de 1 mètre environ, et portant d'énormes grappes de petites fleurs blanches à pétales en croix fort jolies, et exhalant une odeur prononcée d'amande amère. Elle fleurit en juin et juillet.

La Clématite a feuille entière (fig. 106), très vivace et absolument rustique porte ses fleurs isolées à l'extrémité de rameaux grêles et feuillés presque sur toute leur longueur ; ces fleurs sont grandes, à quatre divisions, d'un bleu violacé, et plus ou moins contournées. Après que la fleur est flétrie, les aigrettes longues et soyeuses qui surmontent les graines forment un panache argenté très élégant qui séché rapidement à l'ombre, peut se conserver pour servir aux bouquets de la saison d'hiver. Ces deux Clématites se multiplient aussi bien par la voie du semis que par la division des touffes.

Dahlias. *Dalhia variabilis, D. coccinea*. — Pour parler des Dahlias au point de vue des fleurs coupées et de l'usage qu'en font les fleuristes, il faut prendre presque exactement le contre-pied de ce qu'on ferait si l'on en parlait au point de vue de l'horticulture générale, c'est-à-dire laisser de côté les races d'amateur et ne s'occuper que des races de fantaisie, soit à fleurs doubles mais à pétales irréguliers, soit à fleurs tout à fait simples.

Parmi les Dahlias à fleurs très doubles, et régulièrement tuyautées, les races dites Lilliput dont les fleurs ne dépassent pas 5 à 6 centimètres de diamètre sont à peu près les seules qui soient acceptées dans la confection des bouquets. Les autres peuvent tout au plus trouver place accidentellement dans quelques garnitures. Les Dahlias Lilliput, au contraire, relativement élégants, à tiges minces et élancées sont du nombre des plantes dont les fleuristes peuvent tirer bon parti.

Les Dahlias dits à FLEURS DE CACTUS (fig. 107) dans lesquels les pétales au lieu de se rouler en cornet, s'allongent et se contournent de diverses manières, font bon effet dans les bouquets ou décorations de grande dimension et, à ce titre, méritent d'être cultivés pour les fleuristes,

FIG. 107. — Dahlia à fleurs de Cactus (*Dahlia variabilis*, var.).

Mais les races les plus intéressantes de toutes, ce sont celles à FLEURS SIMPLES, soit unicolores, soit, comme on les a obtenues depuis quelques années, diversement marbrées et panachées ; ces Dahlias à fleurs simples (fig. 108) sont, en général des plus vigoureux, très ramifiés et donnant une grande quantité de fleurs qui se succèdent pendant trois ou quatre mois et qui sont on ne peut plus appropriées à la confection des bouquets.

Fig. 108. — Dahlias simples (*Dahlia variabilis*. var.)

Voici une liste de Dahlias :

Dahlias doubles à grande fleur

Amiral Courbet.
Amiral de Coligny.
Empereur du Maroc.
Evêque de Senlis.
Gaiety.
Gloire de Lyon.
Inconstant.
La Reine.
Léah.
Léon XIII.
Madame Poiret.
M. Constant Varin.
Murillo.
Octavie.
Prince Henri des Pays-Bas.
Sir Richard Wallace.
Toison d'Or.

Dahlias Lilliput

Bernhardt.
Charles Huber.
Dora.
Edouard Morike.
Ernest Schleicher.
Etna.
Flora.
Hulda.
Ida.
Jacques Develle.
Madame Orban.
Madame Pacotto.
Marlitt.
Meteor.
M. Chevalier.
M. Vitry.
Petite Fée.
Rosea multiflora.

Dahlias à fleur de Cactus

Beauté de Bentwood.
Cochenille.
Flambeau.
Impératrice des Indes.
Juarezii.
Lady Marsham.
Lord Syndhurst.
Madame Hawkins.
Madame Tait.
Picta formossisima.
Prince Albert Victor.
Roi des Cactus.
Sir Trevor Lawrence.
Sir William Pearce.
William Reyner.

Dahlias simples

Annette.
Arlequin.
Attraction.
Aurantiaca.
Beauty of Cambridge.
Bronzé.
Duchesse de Westminster.
Evelyn.
Flavia.
Mme la Maréchale Canrobert.
Mauve Queen.
Painted Lady.
Perfection.
Pink Queen.
Union Jack.
Yellow Gem.

Tous les Dahlias se multiplient de même, soit par séparation des tubercules faite au mois de mai, soit mieux par bouturage des pousses obtenues dès le premier printemps des vieux tubercules forcés sur couche et en serre ; en outre, les Dahlias simples se reproduisent parfaitement par la voie du semis et, semés de bonne heure au printemps, peuvent fleurir dans l'année même.

Doronic du Caucase. *Doronicum Caucasicum.* — Le grand mérite de cette plante qui autrement se confondrait dans le grand nombre des composées à fleurs jaunes, c'est l'époque extrêmement précoce de sa floraison ; elle brave, en effet, les dernières gelées du printemps et commence à fleurir dès la fin du mois de Mars. Les tiges, un peu ramifiées portent de deux à quatre fleurs d'un jaune vif à disque jaune qui se conservent bien et dont les boutons s'ouvrent même dans l'eau.

Le Doronic du Caucase vit sans aucune protection sous notre climat ; il se multiplie très aisément par division et aussi par semis fait au printemps ou en été.

Gaillarde vivace. *Gaillardia lanceolata.* — Jusqu'à ces dernières années, la Gaillarde vivace aurait à peine mérité de prendre place dans l'énumération des plantes à cultiver pour leurs fleurs ; en effet, ses larges disques jaune foncé ressemblant à un petit soleil tranchaient peu parmi les nombreuses fleurs de semblable apparence ; mais aujourd'hui qu'on en possède, et se reproduisant fidèlement par le semis, des variétés largement panachées de rouge vineux ou de rouge brun (fig. 109) la plante a autant de mérite comme fleur à grand effet que la *Gail-*

larde peinte, et elle possède, en outre, l'avantage de la durée, celui de la grandeur, et de la simplicité de culture. En effet, des touffes bien installées peuvent subsister

Fig. 109. — Gaillarde vivace à très grandes fleurs (*Gaillardia lanceolata.*)

plusieurs années, et donner de mai en octobre, des fleurs très abondantes et extrêmement ornementales.

Ellébore Rose de Noël. *Helleborus niger. H. Orientalis, H. purpurascens.* — Si le Doronic du Caucase dont il vient d'être question ouvre pour ainsi dire, la série des fleurs à couper, on peut dire que les Roses de Noël, de leur côté, sont de celles qui la ferment.

Fig. 110. — Ellébores divers (Rose de Noël, etc.) (*Helleborus* var.).

Tout le monde connaît ces plantes aux larges feuilles découpées vert foncé, et à fleurs d'un blanc rosé qui commencent à s'ouvrir à la saison où les arbres ont perdu leurs feuilles, et où presque toutes les plantes herbacées sont entrées dans leur repos hivernal (fig. 110). A part quelques très rares amateurs qui faisaient de ces fleurs une culture spéciale, tout le monde, jusqu'à ces dernières années, se contentait de les laisser fleurir librement, à leur gré, et d'en couper quelques fleurs lorsqu'elles étaient particulièrement belles et bien développées. On s'est avisé récemment, et en Angleterre plus qu'en France, de protéger les Roses de Noël par des châssis posés sur les touffes à l'arrière-saison, châssis, qui, en ombrageant les plantes en même temps qu'ils les protègent, rendent les fleurs plus blanches et d'un coloris plus pur.

En même temps qu'on introduisait ce perfectionnement dans les procédés de culture, on obtenait des races nouvelles par le croisement de l'Ellébore noir avec des espèces voisines, ou simplement par le semis des graines de ses autres espèces.

Ellébore d'Orient et Ellébore pourpré. — Ces nouvelles formes se cultivent exactement comme la Rose de Noël; elles sont comme elle absolument rustiques et se plaisent surtout à une exposition fraîche et ombragée. Elles donnent leurs fleurs dont les nuances varient du blanc pur au violet brunâtre foncé depuis le mois de novembre jusqu'au mois de mars.

Matricaire Mandiane. *Matricaria parthenioïdes.* — Excessivement rustique, venant partout presque sans soin, la *Matricaire Mandiane* est une plante vraiment précieuse aussi bien par la beautéde ses nombreuses fleurs blanc pur, que par la durée de sa floraison qui s'étend depuis le mois de mai jusqu'à la fin d'octobre. Comme dans l'*Achillea Ptarmica* à fleurs doubles, il en existe des formes plus ou moins doubles dont les plus parfaitement pleines ne peuvent se propager que par boutures ou par division des touffes, tandis que les autres, presque aussi jolies et aussi ornementales, se reproduisent aisément par la voie du semis.

Les autres Matricaires : *M. parthenium, M. eximia*, peuvent être également utilisées dans la confection des bouquets, mais elles n'ont pas la blancheur ni l'éclat de la véritable Matricaire Mandiane.

Myosotis des marais. *Myosotis palustris.* — Moins touffu que le Myosotis des Alpes, produisant des masses moins fournies, le *Myosotis des marais* jouit cependant d'une faveur plus générale comme symbole du souvenir affectueux et constant ; à ce titre, les fleurs en sont toujours recherchées. Bien qu'originaire du bord des eaux, il peut se cultiver dans toute bonne terre de jardin fraîche et profonde, moyennant des arrosages abondants. Ses jolies fleurs bleu clair se succèdent pendant toute la belle saison et ses rameaux se conservent très longtemps dans l'eau en y ouvrant successivement leurs fleurs.

On peut semer le Myosotis des marais et en obtenir la floraison au bout de quelques mois, mais on le multiplie encore plus facilement par ses rameaux traînants qui s'enracinent avec la plus grande facilité au contact du sol humide.

Œillets des fleuristes. *Dianthus caryophyllus*, variétés. — L'Œillet proprement dit, ou *Œillet des fleuristes*, est une de ces fleurs que ce petit livre ne saurait omettre sans mentir gravement à son titre ; c'est une de celles, en effet, qui tiennent la plus grande place, et pendant toute l'année, dans l'approvisionnement et le commerce floral. L'histoire de l'Œillet est déjà ancienne, et il y a bien trois ou quatre siècles qu'il est, ce qu'on appelle, en Angleterre, une fleur de fleuriste, c'est-à-dire une de celles sur lesquelles l'industrie et l'habileté des jardiniers de profession et des amateurs se sont exercées pour en développer les mérites et en obtenir des races de plus en plus perfectionnées.

Le *Dianthus caryophyllus* est une plante indigène, au moins dans le midi de la France, et elle a été si profondément modifiée par la culture qu'il devient assez difficile aujourd'hui de saisir les traits de ressemblance qui attestent la communauté d'origine entre les nombreuses races cultivées. La beauté des fleurs de l'Œillet, leur parfum agréable, leur floraison successive et prolongée, presque perpétuelle dans certaines races, en ont fait tout naturellement une des fleurs les plus appréciées et les plus recherchées. Si l'on ajoute à cela la facilité de leur culture en pots et la possibilité qui en est la conséquence de les chauffer l'hiver pour en obtenir des fleurs à contre-saison, on comprendra que la culture des Œillets donne lieu à une véritable industrie qui fait vivre annuellement des milliers de personnes.

Peu de fleurs sont plus aptes que l'Œillet à être portées sur la personne; de là un débouché considérable pour servir à garnir les toilettes des femmes ou pour être portées par les hommes comme fleurs de boutonnière. L'hiver dernier c'étaient les Œillets blancs, actuellement ce sont les Œillets jaunes qui ont, pour cet emploi, détrôné le Gardenia, mais quel que soit le caprice de la mode, l'Œillet unicolore ou panaché est sûr de toujours rester en faveur et d'être toujours demandé.

On a coutume de diviser les Œillets des fleuristes en un certain nombre de classes qui correspondent à des caractères horticoles ; quoique l'observation de ces divisions ait peu d'importance au point de vue du commerce de la fleur, nous les indiquerons ici, les dénominations commerciales ne fournissant pas, à beaucoup près, des coupes aussi précises ni aussi bien fondées. Nous diviserons donc les Œillets cultivés en :

Œillets grenadins.
Œillets de fantaisie.
Œillets unicolores.
Œillets flamands.
Œillets remontants.
Œillets à tiges de fer.
Œillets Marguerite.
Mignardises.

Nous allons passer rapidement en revue ces différentes races, en nous attachant principalement à leurs caractères distinctifs au point de vue ornemental et au point de vue commercial.

Œillets grenadins. — Il y a toute apparence que le nom de ces Œillets vient de leur ressemblance avec la fleur du Grenadier ; ils sont, en effet, en règle générale, d'un rouge écarlate brillant. La plante qui les porte est assez basse, ramifiée et donne une floraison abondante et très précoce ; les fleurs sont bien pleines et ont les pétales dentés ; ce sont des Œillets d'été dont la production ne s'étend guère aux autres saisons.

On peut rattacher, aux Œillets Grenadins, les Œillets *hâtifs de Vienne*, race à floraison très hâtive, de taille très ramassée, et dans lesquels on trouve une grande variété de couleurs, et même de très jolies panachures.

Les ŒILLETS DE FANTAISIE (fig. 111) comprennent les différentes formes à pétales ondulés ou dentés, soit unicolores, soit à

FIG. 111. — Œillet de fantaisie (*Dianthus caryophyllus*, var.).

panachures fantaisistes qui ne sont pas à floraison perpétuelle; ce sont, en somme, les plus nombreux et les plus généralement cultivés des Œillets. On les divise habituellement en Œillet de fantaisie fond blanc, fond jaune, parmi lesquels ceux qui sont panachés de rouge ou de saumoné forment un groupe spécial dit *Avranchin*, fond ardoisé, qui présentent des panachures rouge carmin, rose ou violet foncé sur un fond gris lilacé d'une nuance très particulière. Beaucoup d'amateurs s'attachent à la culture des Œillets de ce genre qui sont, en effet, très variés et très jolis.

ŒILLETS UNICOLORES. — On cultive beaucoup suivant les préférences du moment, les Œillets de telle ou telle nuance déterminée; les Œillets rouge vif ont eu leur moment de vogue, lié à des préférences politiques ; il en a été de même, dans une certaine mesure, des Œillets blancs. Les jaunes ont la mode pour eux ; les roses ou les blancs carné s'associent bien avec certaines nuances d'étoffes ; en un mot, les raisons abondent pour que les Œillets d'une couleur déterminée trouvent toujours un emploi assuré. Dans cette classe de fleurs, en

Fig. 112. — Œillet flamand (*Dianthus caryophyllus*, var.).

excluant toujours les plantes à floraison perpétuelle, on trouve une grande variété de races différentes dont la plupart peuvent aujourd'hui se reproduire d'une façon régulière par les semis. Les uns sont à pétales dentés, les autres à contours régulièrement arrondis, comme ceux dont il va être question ci-dessous.

Les Œillets flamands (fig. 112) sont les fleurs parfaites par excellence aux yeux des amateurs pénétrés des vieilles traditions ; aujourd'hui cependant, les Œillets remontants leur sont généralement préférés.

Quatre conditions sont nécessaires pour qu'un Œillet réponde pleinement à la qualification de flamand ; il faut : 1° que la fleur soit double ayant au moins deux rangs complets de pétales; 2° que le contour de ces pétales soit régulièrement arrondi et non déchiqueté ni denté; 3° que le fond de la fleur soit blanc ; 4° que sur ce fond se détachent des panachures bien nettes en forme de stries rayonnant du centre vers la circonférence et présentant au moins deux coloris distincts; on peut s'imaginer facilement que les vrais et beaux flamands sont rares et qu'ils sont fort appréciés lorsqu'ils se rencontrent; on est arrivé cependant à en obtenir des races qui se reproduisent par graines dans la proportion de plus de 50 pour 100.

Les Œillets remontants sont certainement aujourd'hui les plus recherchés et les plus largement cultivés. Ce sont ceux qui fournissent des fleurs depuis le mois de septembre jusqu'au mois de mai, ceux, par conséquent, qui font l'objet de toutes les cultures en serre et de toutes les cultures du Midi. Chacune des races dont nous avons parlé jusqu'ici peut fournir des plantes remontantes, c'est-à-dire émettant successivement des tiges florales qui, les unes après les autres, portent et développent des boutons et des fleurs. On ne peut donc pas définir l'Œillet remontant par la nature de ses fleurs, il s'y trouve aussi bien des fleurs unicolores que des panachées, des pétales entiers que des dentés, des petites fleurs que des monstres, comme l'Œillet souvenir de la Malmaison, dont les fleurs carnées ont la largeur de la paume de la main. Il a été, depuis quelques années, obtenu à Lyon, de très belles variétés d'Œillets à floraison perpétuelle, variétés qui sont, aux environs de Paris comme dans le midi de la France, l'objet de cultures industrielles très importantes, en serre dans le Nord, sous simple châssis, ou sous abri de toile dans le Midi.

C'est de Lyon également qu'est venue une variété d'Œillet demi-naine, à port très rigide, à tiges grosses et épaisses, ramifiées, et portant ses fleurs, sans fléchir quels qu'en soient le poids et l'ampleur ; on l'a très justement désignée sous le nom d'ŒILLET A TIGE DE FER. On y rencontre à peu près tous les coloris et même quelquefois des plantes remontantes.

ŒILLETS MARGUERITE. — Cette race nouvelle, venue d'Italie depuis trois ans seulement, a conquis immédiatement une place distinguée parmi les Œillets cultivés pour leurs fleurs coupées (fig. 113). Elle paraît être une variation de l'Œillet gre-

FIG. 113. — Œillet Marguerite (*Dianthus caryophyllus*, var.).

nadin et s'en rapproche par son port trapu et ramifié, par son abondante floraison et par ses pétales profondément dentés ; mais, par contre, elle s'en distingue à la fois par sa très grande rapidité de végétation qui permet de la cultiver presque comme une plante annuelle et, par son absence complète de rusticité qui lui interdit de passer en pleine terre, même les hivers ordinaires du climat de Paris. C'est un Œillet qui peut fleurir dès l'automne de l'année même où il est semé, mais dont la production ne s'étend pas au delà des premières fortes gelées.

MIGNARDISES. *Dianthus plumarius*. — Bien qu'on reconnaise aux Mignardises une origine botanique différente de celle qui appartient aux Œillets des fleuristes, les croisements entre les deux espèces paraissent avoir été si nombreux qu'il est bien difficile de dire aujourd'hui où s'arrrête l'une et où commence l'autre. Encore plus vivaces et plus rustiques que les Œillets ordinaires, les *Mignardises* s'en distinguent ordinairement par leurs tiges florales plus grêles et par leurs pétales finement découpés; mais il y a bien des Œillets qui, par ces deux caractères, pourraient rentrer dans les Mignardises. La

Fig. 114. — Œillet mignardise anglaise double (*Dianthus plumarius*, var).

variété à *fleurs blanches doubles* est extrêmement cultivée et se vend par bottes dans toutes les boutiques et dans toutes les petites voitures de Paris, à la même époque que les roses pompons.

On distingue dans les Mignardises doubles, la race *française*, très florifère et à pétales profondément dentés, et la race *anglaise*, à fleurs moins nombreuses, mais plus grandes, toujours marquées d'une tache centrale ou d'un anneau placé vers le milieu de la fleur (fig. 114) et d'une couleur rouge ou brune; le bord des pétales est, dans cette race, uni ou à dents obtuses; c'est aux Mignardises qu'il convient de rapporter un

Œillet encore nouveau dit Œillet cyclope dont les fleurs roses ou carnées, simples et très larges, sont marquées au centre, d'un œil pourpre tranchant très vivement sur le reste de la fleur. Cet Œillet fleurit très abondamment en mai et juin et donne ensuite quelques fleurs isolées pendant tout le reste de la belle saison.

Œillet flon. — On cultive beaucoup, pour en couper les fleurs, un Œillet très remontant presque perpétuel connu sous le nom d'*Œillet Flon* (fig. 115) et dont l'origine première n'est

Fig. 115. — Œillet Flon *(Dianthus semper florens.)*

pas connue. Il paraît être un hybride de l'Œillet de Chine avec une autre espèce. On en distingue trois ou quatre variétés dont les plus jolies sont la forme commune d'un rose vif uni, la variété *Marie Paré*, blanc pur, quelquefois strié de rouge et *Emile Paré* à fleurs striées de rouge sur fond rose. L'Œillet Flon est très vivace et peut durer plusieurs années. Il se multiplie par divisions ne donnant pas de graines.

A cette exception près tous les Œillets, comme il a été dit, peuvent se reproduire par graine. En outre, on propage par marcottes et aussi maintenant par boutures, ceux que l'on veut perpétuer exactement sans aucune variation. Les Mignardises se multiplient facilement par division des touffes.

Pavot à bractées. *Papaver bracteatum.* — Cette superbe plante et le PAVOT DE TOURNEFORT, *Papaver orientale*, qui se fond avec lui par des nuances insensibles sont

FIG. 116. — Pavot à bractées (*Papaver bracteatum*).

au nombre des plus remarquables de nos fleurs vivaces de pleine terre (fig. 116); ce sont de gigantesques Coquelicots ayant toute l'intensité et l'éclat de couleur de ceux-ci, avec des dimensions trois ou quatre fois plus grandes, et portés par des tiges assez fermes et rigides pour ne pas ployer sous le poids. Le Pavot de Tournefort est d'un rouge orangé très vif et très clair, le Pavot à bractées d'un rouge plus foncé et d'une richesse extrême de coloris; les deux plantes sont du nombre des fleurs aimées des peintres qui les font entrer, avec les Pivoines et les grands Iris, dans leurs compositions les plus ornementales.

Penstemons vivaces. *Penstemon speciosus*, *P. pubescens*, *P. coccineus*, *P. gentianoïdes.* — Originaires de l'Amérique du Nord, dont le climat est plus extrême que celui de l'Europe, les Penstemons sont tous, chez nous, d'une grande rusticité. Le Penstemon à fleurs bleues, *P. speciosus*, le *P. pubescens* à grappes lilas et le *P. couineus* à fleurs écarlates méritent assurément d'être cultivés.

Mais de beaucoup le plus recommandable et le plus beau des Penstemons c'est le *P. gentianoïdes* dont les grappes de fleurs amples et ouvertes comme des Digitales sont produites dès le mois de juin, pendant tout l'été et surtout avec une extraordinaire profusion en octobre et novembre, juste à la saison où, sauf les Chrysanthèmes, on ne trouve plus guère rien à couper dans les jardins en fait de fleurs fraîches. Depuis le blanc pur jusqu'au violet foncé ou au rouge grenat le plus intense, on trouve toutes les nuances du rose, du rouge ou du lilas, chez ces belles plantes qui, en outre, présentent parfois des fleurs à fond clair marginées de plus foncé, ou réciproquement (fig. 117). Il en existe une race à fleurs érigées, dans laquelle la grappe dresse ses fleurs en haut au lieu de les laisser pendre obliquement ou de les tenir dans une position horizontale. Cette race est un peu plus précoce que la forme ordinaire et les fleurs en sont un peu plus serrées, mais si en pleine terre elle se présente mieux au visiteur, il ne me semble pas qu'en fleur coupée elle soit aussi jolie que la race ordinaire dont la grâce tombante est un des grands charmes.

Fig. 117. — Penstemon hybride à grandes fleurs
(*Pentemon gentianoïdes*, var.).

On peut propager tous les Penstemons par le semis.

Dans les races hybrides du *P. gentianoïdes*, les boutures qui se font aisément au printemps et en été permettent de multiplier abondamment les plus belles plantes.

Pervenches. *Vinca major, V. minor*, var. — Indigènes, très vivaces, très envahissantes, les Pervenches ont leur place marquée dans tous les jardins, sous les arbres et arbustes ou le long des murs au nord. Leur feuillage vert en toute saison est de ressource pour les bouquets et garnitures de toute sorte, autant au moins que leurs fleurs bleues en étoile.

La grande Pervenche possède une forme à fleurs panachées de blanc crème qui est par là même extrêmement ornementale.

La Pervenche petite varie plus par l'aspect de ses fleurs que par celui de ses feuilles. Il en existe, en effet, des variétés à fleurs blanc pur, rouge lie de vin et à fleurs doubles des mêmes coloris et bleues.

Toutes les Pervenches se propagent si aisément de tiges enracinées naturellement qu'on n'emploie guère d'autre procédé de multiplication.

Phlox vivaces. *Phlox paniculata, P. decussata* var. — J'entends dire que les Phlox vivaces n'ont plus dans les jardins la place qu'ils y occupaient il y a vingt ans. C'est possible : en tout la mode change et les Glaïeuls et les Bégonias ont gagné du terrain. Mais à coup sûr, ce n'est pas dans les cultures des fleuristes que ces Phlox ont rétrogradé. Peu de plantes, au contraire, sont autant en faveur et fournissent de pareilles masses de fleurs à couleurs claires ou vives (fig. 118). Les Phlox blanc pur surtout sont toujours extrêmement recherchés et se vendent à grandes brassées sur les marchés et dans les boutiques.

Une fois installés dans le jardin, ces Phlox, d'une rusticité parfaite, peuvent vivre de longues années et ne de-

Fig. 118. — Phlox vivaces variés (*Phlox decussata*, var.).

mandent guère que d'être rajeunis par la transplantation tous les quatre ou cinq ans. Ils se reproduisent aussi par la voie du semis. On commence même à en avoir des races qui se conservent par semis d'un coloris constant, les races blanches principalement.

Pieds d'alouette vivaces. *Delphinium elatum* (fig. 119), *D. formosum*. — Les différentes espèces vivaces de Pieds d'alouette sont de celles qui peuvent fournir pour les bouquets, les fleurs les plus belles et les plus élégantes. En outre, ce sont des plantes absolument rustiques et d'une extrême facilité de culture.

FIG. 119. — Pied d'alouette vivace hybride (*Delphinium elatum*, var.).

Le PIED D'ALOUETTE VIVACE COMMUN, *D. elatum*, s'élève facilement à 2 mètres de hauteur et donne des épis de fleurs bleues dont la longueur peut dépasser 0m,60 tandis qu'il se développe à sa base des ramifications légères de 15 à 30 centimètres de longueur qui peuvent s'associer avec toute espèce de fleurs.

Le bleu franc n'est pas la seule couleur du Pied d'alouette vivace ; il y en a aussi des variétés bleu faïence très pâle, bleu de ciel, bleu indigo, violettes, etc. Il en existe des variétés à fleurs doubles, extrêmement jolies qui se reproduisent par division des pieds mieux que par semis.

Le PIED D'ALOUETTE BRILLANT, *D. formosum,* moins haut et à fleurs plus grandes, présente les mêmes variations de coloris. Il n'a pas de variété double. Les fleurs sont dans la forme primitive, d'une intensité de coloris qui rappelle les Gentianes. Il se sème facilement et fleurit parfois dès la première année.

Pivoines herbacées. *Pæonia paradoxa, P. tenuifolia, P. officinalis. P. albiflora.* — Les Pivoines herbacées

FIG. 120. — Pivoine à feuilles menues, var. à fleurs doubles (*Pæonia tenuifolia*).

sont au nombre des plus belles fleurs rustiques de pleine terre et de celles qui produisent le plus d'effet dans les bouquets de la fin du printemps. Quatre espèces ont principalement contribué à enrichir nos jardins.

La PIVOINE PARADOXALE à feuilles assez larges, molles, un peu velues, dont les fleurs s'ouvrent dès le mois d'avril.

La PIVOINE A FEUILLES MENUES, *P. tenuifolia* (fig. 120), a les feuilles découpées en lanières filiformes comme celles d'un Adonis, et les fleurs rouge foncé, doubles dans une de ses variétes. Les feuilles sont encore incomplètement développées au moment de la floraison qui coïncide avec celle de la Pivoine paradoxale.

La PIVOINE OFFICINALE leur succède avec un intervalle de quelques jours seulement (fig. 121). C'est une de

FIG. 121. — Pivoine officinale *(Pæonia officinalis)*.

celles dont les fleurs approvisionnent le plus largement, à Paris, les fleuristes et les voitures des marchands ambulants. Pendant tout le mois de mai, elle est abondante et se vend par grosses bottes. Il en existe des variétés à fleurs blanc pur, blanc carné, rose tendre, rose vif, rouge et rouge sang foncé. Cette dernière est une des plus recherchées et des plus abondamment cultivées.

Enfin, en dernier lieu par le temps, au premier rang par la beauté, *last not least*, vient la PIVOINE DE CHINE A

ODEUR DE ROSE, *P. albiflora*, dont la floraison remplit les dernières semaines de mai et souvent tout le mois de juin. C'est chez elle que le talent des semeurs a fait surgir le plus grand nombre de variétés diverses, avec les couleurs les plus variées et parfois, dans la même fleur, les contrastes de teintes les plus frappants. Je donne une liste

FIG. 122. — Pivoine de Chine à fleurs doubles (*Pæonia albiflora*, var.).

des plus belles Pivoines de Chine; pour les nommer toutes, il faudrait des pages entières.

BLANCHES	ROSE TENDRE
Duchesse de Nemours.	Auguste Miellez.
Festiva.	La Coquette.
Madame Crousse.	L'Espérance.
Marie Lemoine.	Livingstone.
Nivalis.	Lucie Mallard.
Sulfurea.	Madame Bénard.

ROSE VIF ET ROUGE	ROUGE SANG FONCÉ
André Laurie.	Augustin d'Hour.
Boucharlat aîné.	Dr Bretonneau.
Félix Crousse.	Edouard André.
Lady Anna.	Jupiter.
René Dessert.	La Brune.
Ville de Nancy.	Nigricans.

Toutes les Pivoines herbacées peuvent se multiplier par division des touffes en plantant les racines tuberculeuses de la plante mère avec un œil ou bourgeon. On peut aussi greffer sur tubercules, mais ce procédé ne s'emploie guère que pour la multiplication des Pivoines Moutan.

Primevères. *Primula.* — Une demi-douzaine au moins de ces jolies fleurs printanières mérite d'être recommandée pour l'approvisionnement des fleuristes.

En premier lieu, la PRIMEVÈRE A GRANDES FLEURS, *P. acaulis*. Il en existe une foule de variétés, soit à fleurs simples, soit à fleurs doubles ; on y voit tous les coloris du blanc pur et du jaune pâle jusqu'au rouge grenat foncé et au violet presque bleu (fig. 123). Toutes ces formes, et spécialement celles à fleurs simples, se distinguent par une rusticité qui leur permet de fleurir presque continuellement du mois d'octobre au mois de juin, quand les hivers ne sont pas trop rigoureux. En Angleterre, la Primevère sauvage à grandes fleurs, d'un jaune pâle, est devenue un emblême politique et un signe de ralliement. Le 19 avril il s'en vend des millions de bouquets qui sont portés par les membres, hommes et femmes, du *Primrose League*.

Sans pouvoir aspirer chez nous à une vogue semblable,

les Primevères à grandes fleurs peuvent présenter de l'intérêt pour les fleuristes par la diversité de leurs couleurs et l'époque très hâtive de leur floraison.

PRIMEVÈRE DES JARDINS. *P. officinalis* var. — Dérivée du Coucou jaune odorant, les Primevères des jardins en ont gardé le parfum et la floraison franchement printanière. Il en existe des variétés unicolores fort jolies; mais, en général, on préfère les fleurs marbrées ou panachées.

FIG. 123. — Primevère à grande fleur (*Primula Acaulis*).

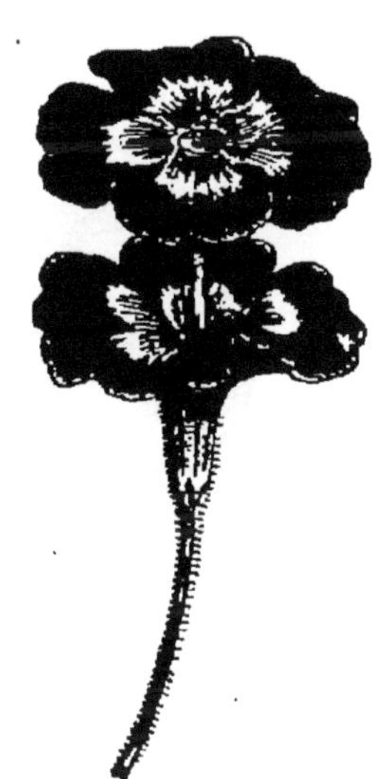

FIG. 124. — Primevère des jardins à fleurs emboîtées (*Primula officinalis*, var.).

Une des races les plus appréciées des Anglais est celle qu'ils appellent *Gold laced*, bordée d'une dentelle d'or; c'est une fleur d'un violet foncé presque noir finement marquée de jaune d'or, de sorte qu'il paraît y avoir deux mailles sur chaque pétale, dix sur la fleur entière.

On cultive aussi fréquemment une race dite à fleurs emboîtées (fig. 124), dans laquelle le calice agrandi et répétant les couleurs des pétales, semble une seconde corolleentourant la première.

PRIMEVÈRE AURICULE. *P. auricula.* — Peut-être moins recherchée et cultivée a vec moins de passion qu'autrefois,

FIG. 125. — Auricules ou Oreilles d'ours (*Primula auricula*, var.).

fois, l'Oreille d'ours est cependant une fleur de grande ressource au printemps (fig. 125) par le contraste que font ses fleurs veloutées de couleurs foncées, avec les autres fleurs généralement à teinte claires de la saison.

On place les Auricules dans des plates-bandes, à l'exposition du nord, dans la partie la plus fraîche du jardin. La race dite *Liégeoise*, à œil central et à bordure d'une teinte plus pâle que la partie moyenne de la fleur, est la plus belle et la plus recherchée.

Primevères a fleurs découpées. *Pr. cortusoïdes amœna.* — Depuis quelque temps l'ingéniosité des semeurs s'est portée sur cette jolie fleur, tout à fait rustique et à floraison des plus printanières (fig. 126). On en a obtenu de charmantes variétés, aussi remarquables par la fraîcheur de leur coloris que par la découpure élégante du pourtour des fleurs, que chaque pétale soit en forme de cœur échancré au sommet, ou que le contour en soit plus ou moins profondément incisé et lobé.

Fig. 126. — Primevère à fleurs découpées (*Primula cortusoïdes amœna*).

Cette Primevère est tout à fait résistante aux froids les plus intenses ; elle ne craint que l'effet des vents et de la pluie sur ses fleurs, aussi se trouvera-t-on bien de protéger celles-ci avec des châssis ou des claies à ombrer.

Fig. 127. — Primevère du Japon *(Primula Japonica)*.

Je ne puis que signaler, comme étant encore rares et peu connues, la Primevère du Japon (fig. 127) à fleurs nombreuses portées sur de fortes tiges en verticilles superposées, la Primevère rose, *P. Rosea*, de l'Himalaya, d'un rose très vif, et fleurissant au premier printemps, enfin la Primevère dentelée, *P. denticulata*, à fleurs lilas en capitule sphérique. Ces trois Primevères sont des plantes d'avenir, mais on ne peut pas dire qu'elles soient encore usuelles.

Pyrèthre du Caucase. *Pyrethrum roseum.* — La plante qui fournit la matière première d'une des meilleures poudres insecticides connues, s'est modifiée par la culture de façon à donner des fleurs dignes de rivaliser avec les Reine-Marguerites, et possédant, comme compensation

FIG. 128. — Pyrèthre rose double (*Pyrethrum roseum flore pleno*).

à leur floraison moins abondante, le mérite de se conserver vigoureuses et florifères pendant plusieurs années (fig. 127). Les Pyrèthres forment des touffes basses et compactes de feuillage découpé, d'un vert foncé ; dès le mois de mai les fleurs commencent à se montrer et, suivant les variétés, durent deux ou trois mois ou toute l'année.

Les fleurs doubles sont les plus belles et les coloris y

varient du blanc pur au rouge carmin foncé ou au rouge sang.

Dans les plantes à fleurs simples, la variété des coloris est encore plus grande et, la mode s'en mêlant comme dans les Dahlias, il se peut que les Pyrèthres simples deviennent des fleurs très recherchées. Voici une courte liste des meilleures Pyrèthres à fleurs doubles classés par couleurs.

BLANCS.

Mont Blanc.
Niveum plenum.
Princess Alexandra.
Virgo Maria.

ROSES.

Annie Holborn.
Delicatissima
Hermann Stenger.
Jeanne d'Arc.
Modèle.

ROUGES.

Gloire de Stalle.
Haage et Schmidt.
Le Dante.
M. Barral.
Progress.

JAUNES OU SAUMONÉS.

Sémiramis.
Solfatare.

On obtient très aisément les Pyrèthres par semis. Les variétés nommées ne se reproduisent pas par ce moyen et doivent être multipliées par division des touffes, mais des graines récoltées sur des plantes de choix donneront toujours des produits dignes d'être cultivés et offriront la chance de faire quelque gain intéressant.

Soleils vivaces. *Helianthus lætiflorus, H. orgyalis.* — En automne, avec les Asters fleurissent deux plantes vivaces de grande taille, à larges fleurs d'un jaune éclatant dont les boutiques de fleuristes sont à Paris tout illuminées en octobre. Ce sont : le Soleil à fleurs gaies, *H. lætiflorus* qui ressemble à un topinambour, mais a les fleurs bien plus larges et plus belles, et le Soleil orgyale, *H. orgyalis*, à feuilles longues et étroites et à fleurs jaune vif, grandes et légères, comme celles d'une immense Marguerite.

FIG. 129. — Gazon d'Espagne *(Statice Armeria)*.

Ces deux plantes sont très vivaces, rustiques, durables, leurs fleurs sont précieuses pour les grands bouquets et les gerbes ornementales.

On pourrait rapporter aux soleils vivaces l'*Heliopsis lævis*, jolie Composée qui fleurit abondamment pendant toute la fin de l'été et l'automne.

Statice. *Statice Armeria. S. pseudo-Armeria, S. Limonium, S. latifolia*. — Les Statices, tous vivaces et absolument rustiques, sont du nombre des plantes qui méritent le mieux d'être cultivées par les fleuristes à cause des services variés et utiles qu'ils peuvent rendre pour la confection des bouquets. Le plus connu de tous, mais le moins important pour l'objet qui nous occupe, est le *Statice Armeria* (fig. 128), dit *Gazon d'Olympe* ou *Gazon d'Espagne ;* on l'emploie dans tous les jardins pour faire des bordures ; ses jolies fleurettes en tête, blanches, roses ou rouges, ne sont pas à dédaigner par le fleuriste, mais il y a parmi ses congénères d'autres espèces qui sont bien autrement intéressantes.

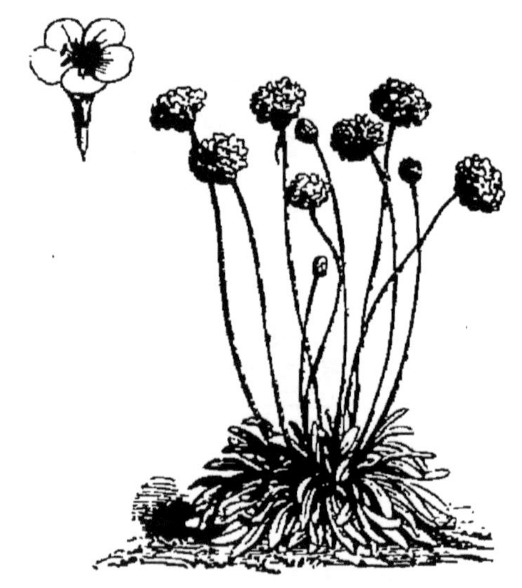

Fig. 130. — Statice faux Armeria (*Statice pseudo Armeria*).

D'abord le Statice faux Armeria, quatre ou cinq fois plus grand dans toutes ses parties que le gazon d'Espagne, et dont les têtes composées de fleurs roses grandes comme celles d'une verveine, forment une boule presque de la grosseur d'une petite orange. Cette boule très jolie et d'un coloris extrêmement frais est portée sur une longue tige mince, lisse, absolument dénudée de feuilles et on ne peut plus facile à faire entrer dans un bouquet.

STATICE LIMONIUM. — Le *Statice limonium*, indigène sur nos côtes, appartient à un type absolument différent des deux espèces précédentes. Au lieu d'être groupées au sommet des tiges, les fleurs, petites et d'un lilas bleuâtre, forment une panicule extrêmement ramifiée, très légère, étalée dans tous les sens, et formant à elle seule, pour ainsi dire, un bouquet tout entier dans lequel il suffit d'introduire les queues effilées de quelques autres fleurs que les ramifications du Statice maintiennent en place, pour faire avec très peu de chose une corbeille de fleurs très légère et très jolie.

LE STATICE A LARGES FEUILLES, *S. Latifolia* ou *pyramidalis*, dit par les fleuristes parisiens *Statice de Sibérie*, a le même aspect et peut s'employer de la même façon que le *Statice limonium*; les ramifications en sont plus fortes et plus raides et surtout les fleurs, dont elles sont couvertes sont beaucoup plus grandes et d'un bleu plus intense rappelant presque des fleurs de Myosotis des Alpes ; ses grandes panicules de fleurs qui s'ouvrent en plein été, sont extrêmement précieuses par elles-mêmes et par la manière dont elles peuvent s'associer aux autres fleurs (fig. 130). En outre, ces fleurs ont l'avantage de se sécher parfaitement sans perdre leur aspect ni leur couleur, de sorte qu'on en peut tirer bon parti pour les bouquets d'hiver.

Tous les Statices s'obtiennent si facilement de semis qu'il est inutile de chercher d'autres moyens de reproduction. Le Gazon d'Espagne, toutefois, se propage surtout par division des touffes.

Verge d'or. *Solidago Canadensis.* — Le nombre des espèces de Verge d'or est considérable, mais celle du Canada est tellement plus belle et plus élégante que les autres qu'il n'y a pas lieu d'en mentionner plusieurs au

Fig. 131. — Statice de Sibérie *(Statice pyramidalis)*.

point de vue des fleurs coupées (fig. 132). Elle fleurit en août-septembre. Aussi durable que rustique, les touffes de cette plante peuvent rester en place pendant des années ; il y a cependant avantage pour la beauté de la floraison à les rajeunir de temps en temps en les arrachant, en les relevant, et en ne replantant que les rejets les plus vigoureux.

Toutes les espèces de ce genre peuvent se semer ; elles se multiplient également d'éclats avec la plus extrême facilité.

Fig. 132. — Verge d'or du Canada *(Solidago Canadensis)*.

Violettes. *Viola odorata*, var. — Toutes naines et toutes modestes qu'elles sont, les Violettes tiennent une des premières places parmi les fleurs de commerce. Leur parfum doux et pénétrant est comme celui du Réséda, un de ceux que l'on aime le plus généralement. Du haut en bas de l'échelle sociale, les Violettes sont appréciées et recherchées, et la modicité de leur prix qui les met à la portée de tous ne les fait pas dédaigner des plus favorisés de la fortune. La faveur générale dont elles jouissent n'a paru être menacée que le jour où il a semblé que la fleur, jusque-là aimée de tous sans distinction, allait prendre une signification politique exclusive. Heureusement, le bon sens et l'habitude prise aidant, la Violette est redevenue la fleur de tout le monde et l'on peut, de nouveau aujourd'hui, la porter sans être suspect de vouloir manifester.

De septembre en mai, les violettes manquent rarement à Paris, et dans l'hiver, il ne serait pas surprenant que le total des arrivages journaliers dépassât parfois mille kilogrammes en vingt-quatre heures.

Et cependant, quoiqu'on fasse de gros et larges bouquets de Violettes, c'est surtout en petits bouquets de 5 ou 10 centimes, que cette énorme quantité de fleurs est débitée. Les couronnes mortuaires en absorbent aussi, il est vrai, une grosse quantité.

La culture, malgré l'accroissement de la consommation, ne s'étend pas aux environs de Paris. C'est que la concurrence du Midi où la culture est toujours favorisée par une température propice rend de plus en plus incertain le produit des champs des environs de Paris. Les Violettes de Provence arrivent en paniers remplis de petits bouquets tout faits et entourés de feuilles fraîches, à un prix qui ne laisse plus de bénéfice aux producteurs du Nord.

De toutes les races de Violettes odorantes, c'est celle dite des quatre saisons qui se cultive à l'exclusion des autres. On y distingue diverses variétés dont chacune a ses mérites et ses partisans.

La Violette des quatre saisons ordinaire a le sérieux défaut d'avoir, le plus souvent, les queues trop courtes; on lui préfère, dans les environs de Paris, une race dite LA BLEUE qui fleurit très abondamment en octobre et surtout en mars, et dont les fleurs se dégagent mieux du feuillage.

Mais la variété qui, aujourd'hui, a détrôné toutes les autres, c'est la Violette LE CZAR, extrêmement vigoureuse dans toutes ses parties et portant ses grandes fleurs sur des queues qui atteignent souvent 15 centi-

FIG. 133. — Violette des quatre saisons Le Czar (*Viola odorata*, var.).

mètres de longueur (fig. 133). Elle n'est dépassée, sous ce rapport, que par la VIOLETTE WILSON, variété un peu sensible au froid, qui réussit mieux en Provence ou en Algérie que dans le nord de la France, et qui se distingue non seulement par sa taille très élevée, mais par la couleur pâle de ses fleurs qui, plutôt que franchement violettes, sont lilas à centre blanc.

La Violette odorante commune possède quelques variétés à fleurs doubles, dont quelques-unes la BELLE DE CHATENAY entre autres, sont assez cultivées. Mais aucune Violette double ne saurait rivaliser pour la beauté et le parfum avec la VIOLETTE DE PARME (fig. 133), qui est non seulement une vraie plante industrielle par le grand usage qui s'en fait dans la parfumerie, mais aussi, tant

FIG. 134. — Violette de Parme (*Viola odorata*, var. *Parmensis*).

en fleurs coupées qu'en potées, un objet de commerce très important pour les fleuristes.

Le Midi est le vrai pays de la Violette de Parme cultivée en pleine terre ; c'est par hectares qu'on la plante en Provence et dans les environs de Toulouse. A Paris, la protection d'un châssis suffit à la garantir des intempéries et elle se cultive en grand pour le marché et pour les fleuristes.

Autrefois il fallait jusqu'à six cents Violettes de Parme pour faire ces bouquets ronds, aplatis de 10 à 12 centimètres de diamètre qu'on voyait chez les fleuristes. Il y a une trentaine d'années qu'un horticulteur de Bourg-la-Reine, qui faisait ses bouquets lui-même s'avisa qu'en garnissant de mousse de petites bottes de cinq ou six fleurs, il pouvait composer des bouquets du même volume et faisant tout autant d'effet avec un nombre de fleurs qu'il parvint graduellement à réduire à quatre-vingts seulement.

Aujourd'hui non seulement cet artifice a été adopté d'une manière générale, mais de plus les fleuristes ont introduit l'usage de monter les Violettes de Parme en bouquets légers et en sortes d'aigrettes où leur jolie forme et leur teinte douce sont bien mieux mises en relief que dans le bouquet massif.

Toutes les Violettes se multiplient si facilement par leurs coulants ou par la division des touffes qu'on a bien rarement recours au semis.

IV. Les Plantes Bulbeuses

Anémones. *Anemone coronaria, A. hortensis, A. Japonica.* — Une dizaine d'espèces d'Anémones, si ce n'est plus, contribuent largement à l'embellissement des jardins et des parcs ; mais au point de vue de l'industrie du fleuriste, trois espèces appellent l'attention d'une façon toute particulière ; l'Anémone des fleuristes, l'Anémone étoilée et l'Anémone du Japon.

L'ANÉMONE DES FLEURISTES, *Anemone coronaria*, se rencontre abondamment à l'état sauvage dans le midi de la France ; elle en est même souvent expédiée à Paris pen-

FIG. 135. — Anémone simple de Caen (*Anemone coronaria*, var.).

dant les mois d'hiver, mais ses plus belles formes sont celles qui ont été obtenues par la culture et par les choix faits sur les plantes de semis (fig. 135). Le feuillage en est finement découpé, rappelant un peu l'aspect des feuilles de persil ; la tige florale qui ne porte jamais qu'une fleur est entourée vers son tiers supérieur d'une sorte de feuille courte ou bractée également divisée.

La fleur, ordinairement composée de cinq divisions larges et arrondies, rappelle la forme d'une tulipe ; à l'état sauvage la couleur en est ordinairement violette ou écarlate ; mais les plantes cultivées présentent tous les coloris imaginables, depuis le blanc pur jusqu'au violet, au rouge sang ou au brun marron, à l'exception du jaune et du bleu.

La race dite de *Caen* est particulièrement remarquable par sa vigueur et les dimensions de ses fleurs qui peuvent atteindre jusqu'à 10 centimètres de diamètre.

Il en existe également des formes à fleurs doubles présentant toutes les mêmes variétés de coloris, les unes conservent la forme en tulipe avec des pièces toutes arrondies, d'autres au contraire, se composent de lamelles à pointes aiguës plus ou moins étroitement serrées les unes sur les autres.

La variété la plus remarquable par cette disposition des pièces centrales, est l'Anémone dite à Fleur de Chrysanthème dont certaines variétés, surtout celles d'un rouge écarlate intense, sont extrêmement ornementales. Une forme méridionale qui se rapproche notablement de l'Anémone à fleur de Chrysanthème, c'est l'Anémone rose de Nice (fig. 136), plante très remarquable par sa floraison hivernale commençant dès le mois de novembre et se prolongeant habituellement jusqu'à Pâques. Presque toutes les Parisiennes connaissent maintenant ces fleurs d'un rose pâle, un peu passé, à centre ou à reflets verdâtres qui ne font guère défaut à Paris pendant toute la mauvaise saison.

Les Anémones CHAPEAU DE CARDINAL (fig. 137), « Capeoù de Capelan », en provençal, sont plutôt printanières qu'hivernales, mais en Provence, le printemps commence dès le mois de

FIG. 136. — Anémone rose de Nice (*Anemone coronaria*, var.).

février. Elles ont les pétales extérieurs plutôt pointus qu'arrondis et le cœur formé de lamelles étroites et serrées. Elles sont rouge vif, blanc rosé ou marbrées rouge et blanc.

Anémone étoilée, *Anemone hortensis*. — Si elle n'est pas aussi ornementale ni susceptible de transformations aussi variées que l'Anémone des fleuristes, celle-ci a, par

Fig. 137. — Anémone chapeau de cardinal (*Anemone coronaria*, var.).

contre l'avantage d'un tempérament plus robuste ; elle vit et fleurit parfaitement en pleine terre sous le climat de Paris, ce que l'autre ne peut guère faire sans quelque protection. On la reconnaît à première vue à ses feuilles beaucoup moins finement découpées que l'Anémone des fleuristes, mais à lobes bien plus pointus. La bractée qui embrasse la tige est simplement digitée ou laciniée et la fleur se compose d'un grand nombre de divisions, en général de douze à vingt, relativement étroites et longues ; l'Anémone étoilée se trouve à l'état sauvage dans plusieurs parties de la France et plusieurs des races cultivées sont tout simplement les formes sauvages recueillies dans leurs pays d'origine.

Les deux plus remarquables sont l'ANÉMONE ÉCLATANTE, *A. fulgens*, du sud-ouest de la France, et l'ANÉMONE ŒIL DE PAON, *A. pavonina*, de Provence.

L'Anémone éclatante (fig. 138) se distingue dans sa forme primitive par la couleur extrêmement intense de ses grandes fleurs écarlate foncé, à centre noir, ou gris ardoisé. Eclairée par le soleil, la fleur s'ouvre largement et a un éclat comparable à celui des Coquelicots et d'autant plus remarquable qu'au premier printemps les fleurs à coloration vive ne sont pas très nombreuses.

Quand on la multiplie par le semis, l'Anémone éclatante varie dans des limites fort étendues, donnant des fleurs blanches, carnées, saumonées, et de toutes les nuances diverses du rose et du rouge ; elle devient même double (fig. 138), ce qui n'est pas au surplus une modification très heureuse chez elle, car les divisions deviennent fort étroites et parfois demeurent partiellement vertes.

Mais une forme extrêmement jolie et très digne d'être cultivée, c'est l'ANÉMONE ÉCLATANTE SEMI-DOUBLE dans laquelle les rayons de la fleur se sont accrus en nombre au point de former deux ou trois rangs au lieu d'un seul en devenant, il est vrai, plus étroits, mais sans rien perdre de leur belle couleur satinée, et en conservant la tache foncée formée par les étamines et les carpelles.

Fig. 138. — Anémone éclatante (*Anemone fulgens*).

La forme provençale, dite Anémone a œil de paon, est plus grande et plus forte dans toutes ses parties que l'Anémone éclatante, mais elle est d'un tempérament plus délicat.

La fleur simple présente un cercle doré entourant les étamines et c'est ce qui lui a valu son nom.

La forme double a plus d'ampleur que l'Anémone éclatante double; elle est assez largement cultivée.

En outre de ces deux races, il existe de nombreuses variétés de l'*Anemone hortensis* qu'on a réunies sous la dénomination générale d'ANÉMONES VERSICOLORES. On y rencontre des

FIG. 139. — Anémone éclatante à fleurs doubles (*Anemone hortensis*, var.).

teintes lilas, violacées, amarante, qui n'existent pas dans les variations de l'Anémone éclatante et qui sont fort jolies, surtout quand la fleur se trouve marquée, comme c'est assez souvent le cas, d un cercle blanc qui en occupe le milieu.

Toutes les Anémones étoilées sont d'excellentes fleurs à couper, paraissant de bonne heure au printemps lorsque les fleurs de pleine terre sont encore rares, se conservant et s'ouvrant très bien dans l'eau ; elles sont d'une culture facile sous le climat de Paris, et réunissent mieux en pleine terre et en plein air que de toute autre façon.

On peut les abriter au moment de la floraison pour empêcher les fleurs d'être endommagées par les vents et les pluies, mais il vaut mieux, jusqu'à ce moment laisser les plantes au grand air, car elles s'étiolent facilement et perdent beaucoup de leur beauté quand elles sont cultivées sous verre.

ANÉMONE DU JAPON, *A. Japonica.* — L'Anémone du Japon, différente des autres Anémones par son aspect, l'est plus encore par la saison où elle fleurit. Les premières fleurs apparaissent à la fin de juillet ou au mois d'août et les gelées sont la seule cause qui mette fin à sa floraison.

Dominant de sa haute tige les fleurs basses du jardin, l'Anémone du Japon montre, grand ouvert, son centre jaune entouré de pétales roses ou blancs.

Nous y trouvons trois variétés :

La première, l'ANÉMONE DU JAPON *proprement dite*, est la plante originale. Elle a les tiges hautes, fibreuses, sortant d'une touffe de belles feuilles d'un vert sombre. Chaque tige, au lieu de ne porter qu'une fleur comme les autres Anémones décrites plus haut, en porte une quantité indéfinie, car elle se subdivise sans cesse pour former de nouveaux rameaux sur lesquels on peut voir chaque fleur ouverte entourée de boutons plus jeunes.

L'*Anemone Japonica* présente, autour d'un centre jaune vif, un rang de pétales étroits et irréguliers d'un rose un peu violacé assez particulier.

FIG. 140. — Anémone du Japon, Honorine Jobert (*Anemone Japonica*, var.).

La seconde variété est l'ANÉMONE DU JAPON ÉLÉGANTE. Elle est d'un rose plus pâle et plus frais, et la corolle au lieu d'être subdivisée aussi finement, ne se compose que de six à huit grandes divisions. Elle est plus grande et plus vigoureuse dans toutes ses parties que l'Anémone du Japon type; elle fleurit à la même saison.

La forme de la fleur est la même dans la variété HONORINE

JOBERT (fig. 140), la plus jolie des trois, aux fleurs d'un blanc pur éclatant et qui rappellent à la fois par leur port et leur aspect une grande Églantine ou un Narcisse des poètes.

L'Anémone Honorine Jobert est, on le devine à sa description, d'un grand secours dans les bouquets. Sa forme, son port, sa tige élancée, sa couleur blanche, jusqu'à ce centre jaune si gai, tout en elle est ornemental. Mais il ne faut pas attendre, pour la mettre dans l'eau, que sa tige qui, juste sous la fleur, est très tendre, se soit courbée; il faudrait alors la couper bien court pour la faire revivre. Le même accident se produit quand, au lieu de la conserver dans l'eau, on la pique dans du sable mouillé ou dans de la mousse.

Cette belle plante est vivace et de pleine terre. Elle fleurit jusqu'aux gelées, souvent même à l'abri d'un mur on a vu ses fleurs et mieux encore ses boutons résister aux premiers froids.

Elle est d'une culture extrêmement facile, s'accommodant de l'ombre et du soleil et se multipliant rapidement par division des touffes ou sectionnement des racines.

Anemone sylvestris. — Quoique moins belle et moins grande que les Anémones du Japon à fleurs blanches, l'ANÉMONE SAUVAGE, *A. sylvestris*, mérite d'être mentionnée comme plante intéressante pour les fleuristes (fig. 141). Absolument rustique, très durable, très vigoureuse, elle donne, à partir du mois d'avril, une floraison très abondante qui se continue pendant plusieurs semaines, se répète à l'automne et souvent se prolonge d'une façon intermittente pendant tout l'été. Les fleurs sont d'un blanc moins éclatant que celles de l'Anémone du Japon Honorine Jobert, elles s'ouvrent moins complètement, gardant toujours un peu la forme de coupe, mais elles ont une teinte douce un peu laiteuse, et une grâce molle qui fait très bien ressortir le mérite des fleurs à coloris vif.

Fig. 141. — Anémone sauvage (*Anemone sylvestris*).

Quelques touffes de cette Anémone, soit en bordures, soit en planches, sont toujours utiles dans un jardin.

Un de ses avantages, c'est qu'on peut aussi bien et presque aussi facilement la multiplier par semis que par division des touffes.

Dielytra. *Dielytra spectabilis.* — En même temps que

les premières pivoines, on voit s'ouvrir au printemps une fleur d'une grâce et d'une fraîcheur incomparables. Le Dielytra (fig. 142) est d'origine chinoise, et sa forme toute charmante est si étrange que, ne la connaissant d'abord

Fig. 142. — *Dielytra spectabilis.*

en Europe que par des peintures, on a cru longtemps que les Chinois l'avaient tirée de leur imagination.

De sa longue tige, mince et inclinée vers le bout, pendent des boutons roses en forme de cœur : ces boutons s'ouvrent par le bas ; les deux sections qui les composent s'écartent un peu et les deux pointes se relevant laissent apparaître un joli centre blanc. Avec cela, des feuilles très découpées, d'un vert charmant, un tempérament rustique : c'est une grande ressource dans les bouquets de printemps.

Placée dans un terrain sain, frais et un peu abrité des

ardeurs du soleil cette jolie plante peut fleurir jusqu'à l'automne. Planté dans un grand pot ou dans un petit baquet dès le commencement de l'été de manière à y faire de nouvelles racines avant l'hiver, le Dielytra peut être facilement forcé de façon à fleurir dès le mois de février ou de mars. On le reproduit par la division des touffes, au printemps.

Freesia. *Freesia refracta.* — Assez récemment introduits dans les cultures, les Freesia y ont pris immédiatement une place importante; c'est une fleur intéressante pour le fleuriste à cause de sa beauté, de son agréable odeur et de la manière élégante dont elle se présente et qui la rend facile à employer de diverses façons (fig. 143).

Les fleurs blanches ou légèrement maculées de jaune à la gorge ressemblent passablement à celles d'un Penstemon ; elles ont un tube assez élargi avec une corolle irrégulière à cinq lobes ; ces fleurs sont réunies en un épi court qui termine une hampe mince et forte de 25 à 60 centimètres de longueur ; vers la base de la grappe, la hampe s'infléchit brusquement, de verticale devient presque horizontale et présente en haut toutes les fleurs qui semblent debout, en rang, les unes à côté des autres.

La culture des Freesia n'est pas difficile, mais demande cependant l'abri de châssis sous le climat de Paris.

En Provence, on les cultive facilement en plein air. On les propage de graines aussi facilement que de bulbes, et les plantes bien soignées peuvent fleurir avant d'avoir un an d'âge.

La floraison dure, dans le Midi, du mois de mars à la fin de mai ; à Paris elle est généralement obtenue plus tard et au moyen de la plantation successive des bulbes peut durer six mois de l'année.

Fig. 143. — Freesia à fleurs blanches.

Fritillaire Couronne impériale. — C'est une des plus vieilles plantes de nos jardins (fig. 144) et une de celles qui ne se voient plus guère dans les parterres élégants, cependant elle n'a jamais cessé d'être en faveur auprès des acheteurs de fleurs et chaque printemps en voit colporter dans Paris des quantités considérables.

Chacun connaît ces grosses fleurs en grelots, pendant en cercle au-dessous d'une aigrette de feuillage tout autour d'une tige nue et lisse, abondamment feuillée à sa partie inférieure ; elles sont ordinairement d'une couleur

Fig. 144. — Couronne impériale (*Fritillaria imperialis*, var.).

rouge brique assez particulière et se distinguent encore par l'odeur de miel très forte qu'elles répandent.

Il en existe une variété à fleurs jaune vif, une autre à fleurs brunes et à feuilles panachées de blanc.

La couronne impériale est absolument rustique et très durable ; ses gros oignons peuvent être laissés en terre au même endroit pendant longtemps et fleurir régulièrement chaque année en avril et en mai.

FRITILLAIRE DAMIER. *Fritillaria meleagris.* — On voit quelquefois chez les fleuristes les curieuses fleurs de cette Fritillaire qui, croissant solitaires au sommet de leurs tiges, se renversent complètement et prennent la position et l'aspect d'une clochette, variant du blanc au rouge brunâtre, et toujours plus ou moins marquées de taches plus foncées alternant régulièrement avec des espaces plus clairs qui ont valu très justement à la plante son nom de damier.

Ces Fritillaires fleurissent en pleine terre pendant le mois d'avril et le commencement de mai; on n'a pas l'habitude de les forcer; elles se propagent par leurs bulbes avec une grande facilité.

Glaïeuls. — Le genre Glaïeul, *Gladiolus*, est un de ceux qui ont fourni les plantes les plus précieuses à l'ornementation des jardins, et surtout à l'art du fleuriste. Ces belles plantes ont tout pour plaire, la grandeur et la beauté des fleurs, la forme élégamment irrégulière des corolles, leur disposition en épis plus ou moins longs et plus ou moins fournis, mais toujours gracieux et d'un bel effet.

Leurs inflorescences ont de plus, comme celles de presque toutes les Iridées, l'avantage de se conserver longtemps et d'ouvrir successivement leurs fleurs dans l'eau.

L'Europe centrale et méridionale possède des Glaïeuls indigènes; le GLAÏEUL DES MOISSONS, *G. communis*, et des formes voisines, soit espèces, soit races bien constantes comme le GLAÏEUL DE CONSTANTINOPLE, *G. Byzantinus*. Ces deux plantes trouvent leur place dans les jardins où elles peuvent vivre en plantes vivaces, les bulbes traversant ordinairement nos hivers sans en souffrir.

Malgré la petitesse relative de ses fleurs, le GLAÏEUL COMMUN (fig. 144) est une des jolies fleurs de la fin du printemps, on la rencontre fréquemment dans les jardins

FIG. 145. — Glaïeul commun (*Gladiolus communis*).

de campagne. Dans les pays où s'est conservée la pieuse coutume des processions de la Fête-Dieu le Glaïeul commun et sa variété blanche sont au nombre des fleurs le plus généralement employées pour la décoration des tentures ou des reposoirs.

Mais c'est du Cap de Bonne-Espérance que sont venues les plus précieuses espèces de Glaïeuls, espèces qui, par leurs nombreux croisements ont donné naissance à des races horticoles dépassant beaucoup en force et en beauté aucune des plantes sauvages d'où elles sont issues.

Le GLAÏEUL FLORIFÈRE, *G. floribundus*, est avec le GLAÏEUL PERROQUET, *G. psittacinus* (fig. 146), et très probablement avec le GLAÏEUL CARDINAL, *G. cardinalis* (fig. 147), un de ceux qui ont donné naissance aux Glaïeuls hybrides dits de Gand, d'où sont sorties les merveilleuses variétés qu'on cultive aujourd'hui.

FIG. 146. — Glaïeul perroquet. (*Gladiolus psittacinus*).

FIG. 147. — Glaïeul cardinal (*Gladiolus cardinalis*)

Un autre Glaïeul du Cap, peu décoratif en lui-même, portant sur des tiges en forme de jonc des fleurs à peine ouvertes en entonnoir, jaunes avec une macule brune, le GLAÏEUL POURPRE ET OR, *G. purpureo-auratus*, est intéressant comme ayant donné naissance aux variétés hybrides nouvelles obtenues par M. Lemoine, horticulteur à Nancy.

Tous ces Glaïeuls de formes primitives méritent assurément d'être cultivés pour leurs fleurs, mais ils le cèdent de beaucoup aux races hybrides dont il sera question tout à l'heure.

Un des plus intéressants au point de vue des fleurs, c'est le GLAÏEUL DE COLVILLE, *G. Colvillii* (fig. 148); c'est une très jolie plante fleurissant au commencement de

FIG. 148. — Glaïeul de Colville *(Gladiolus Colvilli)*.

l'été, à rameaux relativement courts ne dépassant guère 40 à 50 centimètres de longueur, portant en général de 3 à 5 fleurs largement ouvertes en étoiles d'un rouge un peu lie de vin, à six divisions marquées, sauf les deux supérieures, d'une large tache blanc crème.

Encore plus remarquable au point de vue ornemental et encore plus recherchée par les fleuristes, est la variété blanc pur de ce même Glaïeul qu'on appelle en Angleterre *The Bride*. Il s'en vend chaque année, dans les grandes villes, des quantités extrêmement considérables ; c'est une fleur à couper de premier mérite.

Le nom de GLAÏEUL DE GAND a été donné tout d'abord à une plante à fleurs jaunes et écarlates, peu différente du Glaïeul perroquet, mais portant des épis mieux garnis dans lesquels sept ou huit fleurs s'ouvrent à la fois ; ensuite, soit par variations spontanées de semis, soit par croi-

FIG. 149. — Glaïeul de Gand hybride *(Gladiolus Gandavensis)*.

sements avec le Glaïeul florifère, on a obtenu des variétés nouvelles où toutes les nuances du rose, du rouge, du lilas et du jaune, sont venues s'ajouter aux teintes primitives ; comme dans les pensées, le jaune et le violet de l'origine ont été remplacés par une infinité de nuances nouvelles. Chaque année apporte à l'assortiment des *Glaïeuls hybrides* (fig. 149) son contingent de plantes nouvelles, quelques-unes d'un blanc pur, sauf une légère macule dans la gorge, d'autres rose carné, rose tendre, rose saumoné, lilas pâle ou foncé, jaune citron ou jaune topaze, plus ou moins lavé et panaché de rose et de rouge. Depuis quelques années, des teintes ardoisées ou mine de plomb sont venues s'ajouter aux coloris précédemment connus et produisent souvent des panachures très originales. Le bleu n'existe pas dans les Glaïeuls hybrides, non plus que le violet foncé.

La saison de floraison des Glaïeuls hybrides de Gand s'étend de la fin de juillet aux derniers jours d'octobre, mais elle est surtout dans son plein pendant la seconde quinzaine d'août. Des plantations successives permettent d'échelonner la floraison ; on obtient surtout des fleurs tardives en plantant de très jeunes bulbes qui montrent, plus tard que les oignons adultes, leur hampe florale et qui surtout la produisent beaucoup plus fine et plus déliée. Ces rameaux tardifs n'ont pas l'ampleur de ceux qu'on obtient en pleine saison, mais ils ont par contre l'avantage d'être plus faciles à employer dans les bouquets, et, pour le fleuriste, celui de constituer un produit plus rare et plus recherché comme venant presque hors de saison. Il y a, dans les produits horticoles, presque autant d'avantage à les apporter sur le marché après la saison d'abondance qu'avant cette même saison.

Voici une liste des meilleures variétés de Glaïeuls hybrides classés par couleurs :

Glaïeuls

Blancs.

Albatros.
Beatrix.
Fleur de lis.
La Fiancée.
La France.
Mont Blanc.
Ondine.
Shakespeare.

Roses.

Agathe.
Caprice.
Carnation.
Églantine.
Enchanteresse.
Erigone.
Eugène Scribe.
Mme Auber.
Néréide.
Psyché.
Sceptre de Flore.

Saumonés.

Abricoté.
Ali.
Amitié.
Célimène.
Fatma.
Fille des champs.
M. Brongniart.
Titania.

Écarlates.

Arabi pacha.
Colorado.
Corsaire.
Dr Bailly.
Grand rouge.
Le Phare.
Le Vésuve.
Montaigne.
Phébus.
Romulus

Cramoisis.

André Leroy.
Artaban.
Conquérant.
Dr Hogg.
Horace Vernet.
Murillo.
Panache.

Violets et Lilas.

Baroness Burdett Coutts.

Crépuscule.
Grand Lilas.
La Perle.
Léandre.
Roméo.

JAUNES.

Canari.
Ophir.
Pactole.
Rayon d'or.

ARDOISES ET DIVERS.

Africain.
L'Ardoisière.
Bicolore.
Jupiter.
Tamerlan.

Au point de vue du commerce des fleurs, ce serait un grand oubli que de ne pas citer le *Glaïeul surprise* (fig. 149)

FIG. 150. — Glaïeul surprise.

d'un rouge carmin intense, à fleurs un peu petites et un peu espacées, mais remarquable par la durée de sa floraison qui se prolonge jusque dans le mois de novembre.

Les variétés hybrides de Glaïeul Gandavensis se forcent assez facilement en serre.

Cependant cette culture n'est pas encore très répandue, d'abord parce que la floraison n'est jamais aussi belle dans ces conditions qu'en pleine terre, parce qu'elle se produit de mars en juin à une saison où les belles fleurs printanières sont en abondance, et enfin parce que les hampes s'élevant très haut nécessitent un grand espace sous verre. Par contre une culture qui réussit bien et qui prend de l'extension, c'est celle de ces mêmes Glaïeuls dans le midi où la douceur de l'hiver permet de les planter aussitôt qu'ils sont récoltés dans le Nord, c'est-à-dire dans le mois d'Octobre, pour en obtenir la floraison dans le courant du printemps.

Glaïeuls a grandes macules. — Le *Glaïeul* dit *Lemoinei*, dont j'ai parlé plus haut, a été le point de départ de toute une série nouvelle qui s'augmente chaque année de quelques acquisitions ; c'était une plante à rameaux souples, à fleurs moyennes d'un rose légèrement saumoné avec une très large macule rouge grenat ; assez terne au grand jour, ce glaïeul prend dans lés appartements, des tons d'ivoire fort doux, tellement que les fleurs qui s'ouvrent dans le demi jour sont presque plus jolies que celles qui s'épanouissent en plein air. Les variétés plus récentes présentent des coloris plus vifs, saumoné foncé, écarlate, rouge brun et rouge violacé. On a désigné quelquefois ces Glaïeuls sous le nom de Glaïeuls rustiques ; la qualification n'est pas complètement exacte, car si les bulbes en sont un peu plus résistants au froid que ceux des Glaïeuls de Gand, la différence est assurément fort légère. Parmi les plus belles variétés de Glaïeuls à grandes macules, il convient de citer :

Lamartine.
Lemoinei.
Précurseur.
Satin rose.
Spitzberg.
Vésuve.

Hémérocalles. *Hemerocallis flava, H. fulva, H. Middendorfii.* — Les Hémérocalles sont au nombre des meilleures plantes vivaces de pleine terre ; leurs racines fibreuses et renflées et leur qualité de Liliacées, les font ranger à bon droit parmi les plantes bulbeuses. L'HÉMÉROCALLE JAUNE est une excellente fleur à bouquets, le coloris en est très vif et très franc, la floraison prolongée et l'épanouissement successif des boutons en augmente encore la valeur.

Il en existe deux variétés qui ne paraissent pas être distinguées par des dénominations spéciales et dont l'une, cependant, fleurissant plus de quinze jours après l'autre, prolonge d'autant la saison où cette belle fleur peut être employée.

L'HÉMÉROCALLE FAUVE, d'une couleur de terre cuite n'est pas non plus sans valeur ornementale ; on en cultive une variété à fleurs doubles un peu plus tardive et un peu plus durable que la plante à fleurs simples ; enfin l'HÉMÉROCALLE DE SIBÉRIE, *H. Middendorfii,* n'est pas la moins intéressante pour la production des fleurs coupées.

Fig. 151. — Hémérocalle fauve à fleurs doubles (*Hemerocallis fulva, flore pleno*).

Fig. 152. — Hémérocalle de Sibérie (*Hemerocallis Middendorfii*).

C'est une plante plus basse que les deux autres, portant ses fleurs qui sont d'un jaune foncé, presque orangé, en un groupe serré au sommet de tiges minces complètement lisses et dénudées; ces fleurs très grandes et bien ouvertes (fig. 152), s'épanouissent successivement et rarement plus de deux à la fois; elles sont produites en abondance aux mois de mai et de juin, puis, d'une façon successive, pendant tout le reste de la belle saison. L'Hémérocalle de Sibérie est une des plantes les plus remontantes parmi les Liliacées. Toutes les Hémérocalles, qui sont absolument rustiques, se multiplient pardivision des touffes; le semis, quoique praticable pour l'Hémérocalle jaune et l'Hémérocalle de Sibérie, est peu employé.

Iris. — Il est nécessaire de diviser ce genre si étendu et si riche en belles plantes ornementales, en différentes sections, car on y rencontre des groupes aussi différents les uns des autres par le mode de culture, que par l'aspect de leurs fleurs.

Je distinguerai donc les *Iris bulbeux*, les *Iris à rhizômes* et les *Iris à racines fibreuses*.

IRIS BULBEUX. — Outre les Iris très précoces, et en même temps très nains : IRIS DE PERSE, *I. Persica* (fig. 153), *I. reticulata* (fig. 154), qui se forcent l'hiver, mais dont on ne peut guère couper les fleurs, on doit citer principalement, parmi les Iris bulbeux, les IRIS D'ESPAGNE, *I. xiphium*, IRIS D'ANGLETERRE, *I. xiphioïdes*, et l'IRIS DE SUSE.

L'IRIS D'ESPAGNE se voit abondamment chez les fleuristes de Paris au mois de juin et dès la fin de mai ; c'est une fleur à divisions étroites assez raides, variant du

FIG. 153. — Iris de Perse (*Iris Persica*).

FIG. 154. — Iris réticulée (*Iris reticulata*).

jaune vif au violet foncé avec de curieuses nuances d'agate brune; l'aspect en est fort joli et certainement très original.

L'Iris d'Angleterre un peu plus tardif à fleurir est beaucoup plus ample et plus varié de coloris ; les trois divisions retombantes s'arrondissent à l'extrémité en un limbe généralement veiné et strié d'une façon très agréable ; il en existe un grand nombre de variétés blanc pur, blanc veiné de bleu de rose ou de mauve, et de tous ces coloris plus ou moins foncés jusqu'au violet le plus intense. Ce sont des fleurs de grand effet, amples, se conservant bien dans l'eau et d'une grande élégance de forme.

L'Iris de suse, *I. Susiana* (fig. 155) n'est pas à proprement parler bulbeux ; cependant la forme très courte et renflée de ses rhizômes et sa tendance à former des

Fig. 155. — Iris de Suse (*Iris Susiana*).

touffes arrondies et compactes m'engagent à le placer ici plutôt qu'avec les Iris à rhizômes traçants. C'est une des fleurs les plus grandes, les plus bizarres et, pour certains goûts, des plus belles qui se cultivent; sa forme rappelle en plus grand celle des *Iris Germanica :* trois grandes divisions larges et arrondies se rejoignent par le sommet, tandis que dans leur intervalle trois autres, encore plus grandes et plus amples, sont réfléchies vers le bas de la tige; toutes les six sont d'un blanc un peu terne, mais nacré et très finement marquées de petites lignes étroites et ondulées d'un brun foncé.

L'ensemble de la fleur paraît gris, vu à une certaine distance, et cette apparence lui a valu son nom d'*Iris deuil.*

On multiplie facilement l'Iris de Suse par la division des touffes; quoique rustique, il préfère une exposition chaude, abritée et très saine; ce n'est que dans ces conditions qu'il dure longtemps et fleurit régulièrement sous le climat de Paris.

IRIS A RHIZOMES TRAÇANTS. *I. Germanica* (fig. 156), *I. pallida*, *I. pumila*. — Il est difficile aujourd'hui de rapporter exactement à leur type botanique primitif les nombreux Iris cultivés de cette section dans lesquels diverses espèces du centre et du nord de l'Europe ont été fondues et amalgamées. L'ensemble des variétés surnommées qui composent les collections forme, au surplus, un groupe bien homogène se rapprochant aussi bien par les caractères de végétation que par l'époque de la floraison. Ce sont de très belles plantes à végétation vigoureuse, à feuilles en lame de sabre, larges et raides, disposées en forme d'éventail, et du centre desquelles partent des hampes florales ramifiées portant jusqu'à dix ou douze fleurs qui, sur chaque rameau s'ouvrent successivement de haut en bas; ces fleurs sont conformées comme celles de l'Iris de Suse, mais présentent la plus grande variété et la plus grande richesse de coloris. Il y en a d'entièrement blanches,

FIG. 156. — Iris hybrides (*Iris Germanica*, var.).

comme l'*Iris Florentina;* d'autres, à peine glacées de lilas très pâle paraissant blanches à quelques pas de distance, comme l'*Iris Germanica alba;* d'autres toutes jaunes, comme l'*Iris canari* ou l'*Iris aurea;* d'autres de diverses nuances de violet clair, comme l'*Iris Clio*, ou violet plus ou moins foncé, comme les *Iris Faustine* et *Germanica ancien*.

En outre, toutes les combinaisons possibles de teintes existent dans ces belles fleurs, soit que les divisions dressées présentent un coloris pendant que les retombantes en offrent un autre, soit que deux couleurs diverses se présentent sur la même division, comme c'est le cas dans les *Iris Arlequin malinois* et *Salomon* où les divisions dressées sont d'un blanc pur maculé de violet foncé.

On voit, de plus en plus, ces Iris figurer aux devantures des grands fleuristes de Paris. Quelquefois, mais rarement, l'*Iris Germanica* violet donne une seconde floraison au mois de septembre.

Voici quelques-uns des plus beaux Iris hybrides.

BLANC PUR.

Florentina.
Germanica alba.

LILAS.

Clio.
Dalmatica.
Pallida speciosa.

VIOLETS.

Assuérus.
Faustine.
Germanica ancien.
Reticulata superba.

JAUNES.

Canari.
Aurea.

PANACHÉS.

Arlequin malinois.
Bridesmaid.
Comte de Saint-Clair.
Darius.
Esmeralda.
Miralba.
Poiteau.
Psyché.

Tous ces Iris se reproduisent par la division de leurs rhizômes.

Les *Iris nains*, variété sortie de l'*Iris pumila*, reproduisent presque toutes les nuances unies qui se rencontrent dans l'*Iris Germanica ;* la floraison en est très abondante, mais à cause de la brièveté extrême des tiges, on ne peut guère en employer les fleurs coupées que pour garnir les vases bas, comme on fait avec les fleurs de Pensées.

IRIS A RACINES FIBREUSES. *I. Sibirica, I. Cretensis, I. lævigata (Kæmpferi).* — L'IRIS DE SIBÉRIE (fig. 157), qui

FIG. 157. — Iris de Sibérie *(Iris Sibirica)*.

forme des touffes très denses de feuilles longues et étroites, ressemble presque, avant de fleurir, à une Graminée extrêmement vigoureuse, par exemple à une forte touffe de seigle, mais la ressemblance cesse au mois de mai, quand sortent les hampes florales très minces, très droites, atteignant souvent la hauteur d'un mètre et garnies au sommet de jolies fleurs d'un bleu violacé à divisions un peu étroites, mais rachetant ce défaut par leur grand nombre et leur floraison continue, Ce sont des fleurs très faciles à utiliser dans les plus grands bouquets qu'elles peuvent dominer tout en plongeant dans l'eau par la base de leurs longues tiges.

Iris du Japon, *I. lævigata*, *I. Kæmpferi* des horticulteurs. — Depuis très longtemps cultivé au Japon, cet Iris n'est bien connu en Europe que depuis une vingtaine d'années ; on en a successivement introduit de nombreuses variétés obtenues par les jardiniers japo-

Fig. 153. — Iris du Japon (*Iris lævigata Kæmpferi*).

nais et presque toutes très remarquables par la grandeur de leurs fleurs et par la grande variété de leur coloris.

Ce qui caractérise spécialement l'Iris du Japon (fig. 158), c'est la petitesse relative des trois divisions dressées, contrastant avec l'ampleur et la forme très largement arrondie des trois autres divisions lesquelles dans cette espèce, sont plutôt étalées que retombantes; en outre, il en existe dans les formes cultivées, de nombreuses variétés où ces larges divisions sont au nombre de six au lieu de trois, ce qui donne à la fleur une grande richesse de forme. Sans être d'une culture difficile, l'Iris du Japon demande une terre fraîche et riche; il réussit admirablement au voisinage de l'eau courante, et, planté le long d'une petite rigole où passe un filet d'eau, il prend un développement magnifique. Les fleurs qui, suivant les variétés, s'ouvrent au mois de mai ou de juin, et même en juillet, présentent toutes les nuances du rose, du lilas et du violet, avec des teintes mauves ou gris de lin extrêmement délicates; le blanc pur s'y rencontre aussi et le jaune se montre sous forme de taches à la base des divisions.

On obtient assez facilement l'Iris du Japon par la voie du semis, et les plantes ainsi élevées peuvent fleurir dans le courant de la seconde année; mais pour en reproduire une variété avec sa couleur et sa forme, il faut avoir recours à la division des touffes.

Ixias. *Ixia.* — Ces jolies fleurs du Cap de Bonne-Espérance ont été plus en faveur au commencement de ce siècle qu'elles ne le sont actuellement (fig. 159).

Le développement de la culture des Glaïeuls à floraison printanière leur a sans doute un peu nui, et de plus elles ne peuvent pas être considérées comme plantes de pleine terre sous le climat de Paris, quoique la protection d'un châssis pendant l'hiver suffise à en assurer la conservation. Mais dans le Midi, elles croissent avec la plus

Fig. 159. — Ixias variés *(Ixia species)*.

grande facilité et absolument sans soin, au point qu'elles y passent facilement à l'état de mauvaises herbes ; les carrés de jardin qui ont été plantés en Ixias en restant remplis malgré l'arrachage le plus soigneusement fait.

Les fleurs qui sont disposées en longs épis sur des hampes grêles, et cependant très rigides, voyagent très bien et sont expédiées à Paris en grande quantité dès la fin de mars et dans le courant d'avril ; il en existe un grand nombre de variétés à fond blanc marginé de jaune, d'orange, de rouge, de jaune pur à centre brun ou panaché de différentes nuances de rouge ou de pourpre ; enfin des rouges grenat ou amarante, unicolores ou diversement panachées. Un des plus curieux est l'*Ixia à fleurs vertes* dont les épis sont d'un vert pâle légèrement bleuâtre, teinte peut-être unique parmi les fleurs d'agrément.

Les Ixias ne se propagent que par leurs bulbes qui sont de très petites dimensions et d'une conservation facile ; on peut, dans le Midi, les laisser plusieurs années en terre au même endroit.

Jacinthes. *Hyacinthus orientalis.* — Il paraît tout à fait probable que c'est à la Jacinthe d'Orient, dont le type primitif à fleurs bleu violacé se retrouve encore actuellement sur les bords de la Méditerranée, qu'on doit rapporter toutes les races de Jacinthes cultivées, malgré les différences très accentuées qu'elles présentent dans leurs dimensions, leur précocité et leur coloration. Je les diviserai en *Jacinthes méridionales*, *Jacinthes de Paris* et *Jacinthes de Hollande*. Ce classement qui correspond aux habitudes du commerce s'accorde également avec l'époque de floraison des différentes catégories.

Les *Jacinthes méridionales*, les plus hâtives de toutes, comprennent la JACINTHE ROMAINE et la JACINTHE BLANCHE ITALIENNE. La JACINTHE ROMAINE est une petite plante à floraison extrêmement précoce, pouvant avec quelque soin et sous l'influence de la chaleur artificielle, donner ses fleurs dès le mois de décembre. En Angleterre et en Amérique, on la force en très grande quantité pour les fêtes de Noël. Les fleurs en sont d'un blanc pur, réunies en un épi de 15 à 20 centimètres de longueur; les oignons très forts donnent plusieurs hampes florales.

La JACINTHE BLANCHE ITALIENNE se rapproche passablement de la Jacinthe romaine dont on peut la considérer comme une simple variété; elle est cependant un peu moins estimée, bien qu'elle donne presque toujours trois ou quatre tiges florales par oignon ; mais les fleurs un peu plus grêles et plus allongées sont d'un moins beau blanc et forment un épi un peu moins fourni.

La culture des deux plantes est également simple et facile, les oignons mis en terre et modérément chauffés fleurissant au bout de huit ou dix semaines.

JACINTHES DE PARIS. — Plus étoffées que les races méridionales, plus variées de couleur, mais ne fleurissant

FIG. 160. — Jacinthe de Paris double (*Hyacinthus orientalis*, var.).

FIG. 161. — Jacinthe de Paris simple (*Hyacinthus orientalis*, var.).

qu'après la saison des grands froids, les Jacinthes de Paris sont moins des plantes à forcer que des plantes de pleine terre. La plus hâtive est la variété dite *Blanc de*

Montagne qui se rapproche de la Jacinthe italienne et fleurit dès la fin de mars ; les variétés blanc carné, roses et bleues, tant à fleurs simples qu'à fleurs doubles, ne fleurissent que plus tard et à peu près en même temps que les Jacinthes de Hollande.

Toutes les Jacinthes de Paris sont parfaitement rustiques et peuvent être laissées en pleine terre dans les jardins où elles fleurissent d'année en année, soit dans les plates-bandes, soit au travers du gazon.

JACINTHES DE HOLLANDE. — Ce sont les plus belles des races cultivées sorties de la Jacinthe d'Orient. Elles l'emportent de beaucoup sur les Jacinthes de Paris, non seulement par le nombre des fleurons qui forment des épis bien plus grands et plus compacts, mais surtout par l'extrême variété des teintes.

La *Jacinthe de Hollande* (fig. 162) est une des très rares plantes dans lesquelles existent à la fois les coloris jaunes, rouges et bleus avec toutes les nuances intermédiaires qui les relient. Le nombre et les dimensions des fleurs varient beaucoup d'une race à l'autre, bien plus certainement que du simple au double. Depuis quelques années on a obtenu des races à fleurs pour ainsi dire oculées, c'est-à-dire présentant un centre plus clair à la gorge de la fleur, tandis que les divisions sont d'une couleur plus foncée. Ces Jacinthes sont très jolies et d'un très bel effet.

Plantées en pleine terre et sans soin, les Jacinthes de Hollande fleurissent parfaitement sous le climat de Paris, cependant, sur la très grande quantité de bulbes qui entrent chaque année dans le commerce, le plus grand nombre est certainement forcé, soit en pleine terre, dans des serres ou des bâches pour être relevées vers le commencement de la floraison et vendues en mottes, soit

Fig. 162. — Jacinthe de Hollande simple (*Hyacinthus orientalis*, var.).

en pots, soit enfin dans l'eau, sur carafes, genre de culture auquel la Jacinthe se prête très bien.

On peut dire qu'à la différence de beaucoup d'autres plantes, les Jacinthes de Hollande simples sont plus belles que les doubles. Il est certain qu'elles donnent en général des bouquets plus fournis, de coloris plus vifs et plus variés et de nuances plus tranchées; il se fait à Paris pendant la fin de l'hiver et le printemps, un grand commerce de Jacinthes fleuries soit en plantes entières, soit en fleurs coupées. Ces fleurs se conservent très bien dans l'eau et n'ont d'autre inconvénient que l'intensité de leur parfum difficile à supporter pour beaucoup de personnes.

Je donne ci-dessous une liste des plus belles variétés de Jacinthes de Hollande simples et doubles :

Jacinthes de Hollande simples

SIMPLES ROUGES.

Amy.
Général Pélissier.
Gertrude.
Hofdijk.
Homère.
Joséphine.
Macaulay.
Reine des Jacinthes.
Robert Steiger.
Solfatara.

SIMPLES ROSES.

Cosmos.
Gigantea.
Kenau Hasselaar.
Lord Wellington.
Maria Cornelia.
Norma.
Sultane favorite.

SIMPLES BLANCHES

Alba superbissima.
Albertine.
Blanchard.
Grand vainqueur.
Grande vedette blanche.
Grandeur à merveille.
La Grandesse.
Madame Van der Hoop.
Mina.
Mont Blanc.
Paix de l'Europe.
Reine Victoria.
Voltaire.

SIMPLES BLEU FONCÉ.

Baron Van Thuyll.
Bleu mourant.
Charles Dickens.

Emilius.
Guillaume 1er.

Simples Bleu porcelaine et Bleu clair

Blondin.
Couronne de Celle.
Csar Peter.
Grand lilas.
Grand maître.
Léonidas.
Orondatus.
Pélissier.
Régulus.

Simples Jaunes.

Hermann.
Ida.

Jacinthes de Hollande doubles.

Doubles Rouges.

Bouquet tendre.
Noble par mérite.

Double Blanche.

La Tour d'Auvergne.

Double Bleu foncé.

Laurens Koster.

Lis. *Lilium.* — Les Lis sont comme les Roses, au nombre des fleurs qu'on ne peut se dispenser de citer au premier rang lorsqu'on veut parler de celles qui jouent un rôle important dans le commerce ou dans l'ornementation. De tout temps les espèces de ce beau genre ont fixé l'attention par la grandeur et par l'éclat de leurs fleurs et beaucoup d'entre elles réclament en outre l'attention du fleuriste par la facilité de leur culture et par la longue conservation de leurs fleurs.

Sans entrer dans le détail des très nombreuses espèces que peuvent réunir les collectionneurs, j'énumérerai seulement celles qui sont d'une culture usuelle et qui font l'objet d'affaires un peu importantes.

Le Lis blanc, *Lilium candidum*, est à la fois le plus répandu, le mieux connu, et celui dont la culture offre le moins de difficulté ; il vit parfaitement sous le climat de Paris, à l'état de plante vivace, végétant dès l'automne, passant l'hiver sans en souffrir aucunement et montrant au printemps ses hampes florales qui, au commencement de juin se couronnent d'un bouquet de grandes fleurs d'un blanc éclatant encore rehaussé par la couleur jaune d'or des étamines. C'est par grandes bottes qu'on voit, à cette époque, le Lis blanc chez les fleuristes ou sur les voitures des revendeurs. La saison en dure, à Paris, de trois semaines à un mois.

LIS A LONGUES FLEURS. *Lilium longiflorum.* — Cette espèce, originaire du Japon, s'est énormément répandue depuis vingt-cinq ou trente ans; ses fleurs ressemblent un peu à celles du Lis blanc, mais ont le tube notablement plus long et sont, ou solitaires ou réunies par deux, au sommet des tiges; elles sont portées horizontalement avant et pendant la floraison.

Ce Lis réussit parfaitement en pleine terre où il fleurit en juin et juillet; il en existe deux formes plus vigoureuses, à tiges plus hautes portant parfois jusqu'à cinq et six fleurs, qu'on désigne sous le nom de *Lilium eximium, L. Harrisii* (fig. 163), qui sont cultivées surtout en Angleterre et en Amérique pour leurs fleurs forcées en hiver ou au printemps.

Les bulbes sont cultivés aux Bermudes où le climat très doux, presque tropical, les entretient en végétation presque toute l'année et permet de les livrer en toute saison prêts à être forcés. Il y aurait certainement quelque chose à faire en France aussi avec la culture de ce Lis.

LIS ORANGÉ. *Lilium croceum.* — Aussi rustique et aussi

facile à cultiver que le Lis blanc, le Lis orangé forme des touffes durables et vigoureuses qui produisent au printemps, en mai et juin, de forts bouquets de fleurs

Fig. 163. — Lis des Bermudes *(Lilium Harrisii)*.

orangées largement ouvertes et très décoratives. On le trouve souvent dans les jardins et cependant ses fleurs se voient peu sur les marchés.

Lis a feuilles lancéolées. *Lilium speciosum, lancifolium* des jardiniers (fig. 164). — Cette belle espèce japonaise est peut-être celle qu'on rencontre le plus souvent chez les fleuristes et dans les marchés aux fleurs. A partir du mois de juillet, elle se voit partout et en abondance, surtout en plantes vivantes cultivées en pots; on la reconnaît facilement à ses feuilles, larges à la base et rapidement amincies en pointe, et à ses grandes fleurs, à divisions ouvertes en étoile et légèrement refléchies

FIG. 164. — Lis à feuilles lancéolées *(Lilium speciosum)*.

en arrière; on en cultive plusieurs variétés, une blanc pur, une rose tendre et une rose vif presque rouge; dans toutes les trois, chaque division porte à la base une tache verte et la réunion de ces six macules forme une sorte d'étoile verte au centre de la fleur.

En pleine terre, ce Lis fleurit au mois d'août et sa floraison se prolonge souvent jusqu'à l'automne.

LIS DORÉ DU JAPON. *Lilium auratum* (fig. 164). — C'est certainement un des plus beaux, sinon le plus beau de tous les Lis, et il serait encore plus apprécié et plus recherché qu'il ne l'est, si l'odeur très forte de ses fleurs ne rendait pas impossible pour beaucoup de personnes de les conserver dans un appartement. Ces fleurs très largement ouvertes, moins cependant que celles du Lis à feuilles lancéolées, sont de beaucoup plus grandes et plus amples; elles sont finement mou-

Fig. 165. — Lis doré du Japon *(Lilium auratum)*.

chetées de brun sur un fond blanc pur avec une large bande jaune suivant le milieu de chacune des six divisions. L'époque de floraison du Lis doré est très variable; chaque plante paraît avoir sous ce rapport ses habitudes propres et, dans une plantation de cent ou deux cents bulbes, faite au commencement du printemps, on a toutes les chances possibles d'avoir des fleurs depuis le mois de juin jusqu'à l'entrée de l'hiver; les fleurs sont individuellement assez durables; elles sont souvent réunies sur une même plante au nombre de quinze ou vingt ; cependant le chiffre ordinaire varie plutôt de cinq à dix.

Lis tigré. *Lilium tigrinum.* — Quoique ce Lis originaire du Japon doive être rustique sous notre climat, on a l'habitude de le déplanter et d'en rentrer

Fig. 166. — Lis tigré, var. éclatante *(Lilium tigrinum splendens).*

les bulbes pendant l'hiver. C'est une grande plante à tige d'un brun noir, abondamment feuillée et portant des bulbilles à l'aisselle de chaque feuille; les fleurs portées en grappes courtes au sommet de la tige sont d'une belle couleur orangé foncé parsemé de taches brun noir de forme arrondie. Elles s'ouvrent relativement tard, vers la fin de juillet ou le commencement d'août. Outre la

Fig. 167. — Lis tigré à fleurs doubles (*Lilium tigrinum flore pleno*).

forme ordinaire, il en existe une variété un peu plus tardive, à coloris plus vif qu'on appelle le *Lis tigré éclatant* (fig. 166) et une variété à fleurs doubles (fig. 167) dans laquelle les pièces florales sont au nombre de douze ou quinze au lieu de six. Ces deux variétés sont certainement supérieures au point de vue décoratif, à la forme ordinaire.

Lis Isabelle. *Lilium testaceum*. — Assez analogue au Lis blanc par ses caractères de végétation, le Lis Isabelle en diffère complètement par la forme et le coloris de ses fleurs, celles-ci sont, en effet, très largement ouvertes et même refléchies en arrière en forme de

Lis martagon et sont entièrement d'une couleur chamois très claire et très douce. Ce Lis fleurit au mois de juillet et n'est pas sans mérite au point de vue ornemental.

Tous les Lis se multiplient uniquement par les petits oignons qui se produisent autour des gros et qu'on appelle cayeux. Dans quelques-uns comme dans le Lis tigré, il se produit à l'aisselle des feuilles, des bourgeons appelés bulbilles qui se détachent vers le moment de la floraison et qui, mis en terre, produisent au bout de deux ou trois ans des bulbes de force à fleurir.

Muguet. *Convallaria majalis.* — Le Muguet, qui se trouve abondamment dans nos bois à l'état sauvage, est une des fleurs les plus connues et les plus aimées ; l'élégance de ses petites hampes florales, la blancheur et le parfum fin et pénétrant de ses fleurs, leur longue conservation dans l'eau, tout contribue à le faire apprécier et rechercher.

J'ai dit ailleurs comment, dans les bois qui avoisinent Paris, il est d'ordinaire récolté prématurément ; on peut dire de lui que c'est dans sa saison naturelle qu'on le voit le moins beau à Paris ; pendant tout l'hiver, en effet, on en trouve des plantes fleuries dans le commerce (fig. 168) et ses fleurs développées à l'abri du vent et du froid, et provenant de plantes choisies, sont ordinairement beaucoup plus grandes, plus belles et plus fraîches que celles du Muguet sauvage. On peut cependant en plantant le Muguet dans les jardins, en bonne terre et à demi-ombre, et surtout en espaçant suffisamment les plants, obtenir en pleine terre des fleurs de Muguet égales à celles qu'on fait fleurir en serre : c'est le cas, surtout, si on plante le Muguet à grandes fleurs dit

Fig. 168. — Muguet de mai *(Convallaria majalis)*.

Muguet Fortin, dont les fleurs sont presque du double plus grandes que celles de la variété commune.

Forçage du Muguet. — Le Muguet est, de toutes les plantes, celle qui se prête le mieux au forçage, aussi cette opération a-t-elle pris un développement énorme et constitue-t-elle une véritable industrie.

L'espèce généralement chauffée est le Muguet de mai, les griffes recueillies dans nos bois donnent de moins bons résultats que celles de Hollande, de Berlin ou d'Erfurt, le grand centre floral de l'Allemagne.

Ces griffes expédiées sèches sont forcées avec la plus grande facilité. Point n'est même besoin de les mettre en terre ; posées dans de la mousse ou du sphagnum, elles se développent à merveille. Au bout de quinze ou vingt jours, suivant la saison, les petites grappes de grains blancs sont écloses et la cueillette se fait de suite si l'on tient seulement aux fleurs coupées. Mais pour obtenir des potées de Muguet, on fait le forçage plus lentement, et au bout d'un mois environ, en même temps que les fleurs apparaissent les feuilles, de jolies feuilles lisses, vert clair, et très fraîches qui entourent si bien les petites fleurs blanc pur à peine ouvertes. Sous cette forme le Muguet est une de nos plus jolies plantes d'appartement, et la faveur dont il jouit est immense ; les procédés de forçage employés parviennent à produire un développement des fleurs et des feuilles vraiment surprenant, quand surtout on le compare à celui du Muguet sauvage.

Le chauffage du Muguet commence en octobre pour ne s'arrêter qu'en avril, au moment où le Muguet des bois arrive à son tour.

Divers auteurs évaluent à plus de 500.000 francs la somme des transactions annuelles auxquelles le chauffage du Muguet donne lieu actuellement à Paris et aux environs.

Il existe aussi une race de Muguet à fleurs roses; elle n'est pas très répandue et n'a de mérite qu'à titre de curiosité, la blancheur du Muguet commun faisant un de ses plus grands charmes.

Le Muguet ne se multiplie que par ses rhizômes souterrains, mais il est extrêmement facile à établir et à conserver.

FIG. 169. — Narcisses en mélange *(Narcissus species)*.

Narcisses. *Narcissus pseudo-Narcissus, N. Gouani, N. poeticus*, etc. — Les divers Narcisses rustiques sont d'admirables fleurs à couper printanières, pour l'Europe centrale, et l'on s'explique difficilement qu'elles ne jouissent pas en France d'une vogue approchant, sinon égalant, celle dont elles sont l'objet en Angleterre ; il se vend à Londres, chaque année, à la fin de l'hiver et pendant le printemps, des quantités de fleurs de Narcisses dont la valeur représente certainement plusieurs centaines de mille francs, et probablement plusieurs millions.

De mars en mai, les divers Narcisses se succèdent, variés de forme, de couleur et de port (fig. 169) et toujours ils sont achetés avec empressement. Outre les formes qui se trouvent dans la nature à l'état sauvage, il en a été obtenu un nombre considérable par semis précédés parfois de croisements volontaires.

On a l'habitude de diviser les Narcisses de pleine terre en trois séries principales qui sont : Les *Narcisses trompettes* ayant au centre de la fleur un tube aussi long ou plus long que les six divisions extérieures ; les *Narcisses incomparables* dont la pièce centrale courte et évasée affecte plutôt la forme d'une coupe que celle d'un tube ; enfin les *Narcisses des poètes* dans lesquels cette même coupe est très petite, très ouverte et teintée de rouge ou d'orangé sur ses bords.

La *Jonquille vraie* et la *Jonquille campernelle (Narcissus Jonquilla* et *N. odorus)* restent en dehors de ces divisions.

Les *Narcisses trompettes* (fig. 169) sont les plus hâtifs ; quelques-unes de leurs formes qui croissent sauvages dans les environs de Paris y fleurissent dès le mois de mars; on en cultive des variétés plus belles à fleurs plus grandes que les races sauvages, par exemple : le *Roi des Jaunes (Yellow-King)* à fleurs d'un jaune d'or intense, le plus beau et le plus grand des *Narcisses trompettes* hâtifs.

Le *Narcisse Empereur* à fleurs très grandes, très étoffées, d'un beau jaune vif, aussi larges et aussi amples qu'un Dahlia simple.

Le *Narcisse Impératrice* à tube jaune vif, et à larges divisions extérieures blanc crème ; le contraste de ces

Fig. 170. — Narcisse trompette *(Narcissus pseudo-Narcissus)*.

deux coloris produit un effet charmant (fig. 170). Il existe encore plusieurs douzaines de variétés nommées de Narcisses trompettes variant du blanc le plus pur au jaune le plus intense, mais on peut très bien les cultiver en mélange et chaque variété fleurit à son tour et à son rang.

On en cultive beaucoup une forme double à floraison très précoce à laquelle ses gros boutons jaunes très renflés ont fait donner le nom *d'œufs de Pâques ;* c'est une des plantes les plus rustiques et les plus vivaces qui soient, aussi la trouve-t-on dans presque tous les jardins de campagne.

Les *Narcisses incomparables* sont encore un peu plus variés de couleurs et de formes que les *Narcisses trompettes;* les uns ont les divisions extérieures très étroites, d'autres, au contraire, les ont larges et se rejoignant l'une l'autre ; quelques-uns ont la coupe d'un blanc pur, les autres l'ont d'un jaune citron ou jaune d'or, chez d'autres enfin, elle est plus ou moins fortement teintée d'orangé.

Parmi les très nombreuses races nommées et cultivées, il faut distinguer l'*Etoile d'argent*, entièrement d'un blanc pur, l'*Étoile d'or* à belle et grande fleur ayant les divisions étalées jaune paille et la coupe jaune très intense, enfin Sir Watkin (fig. 171) plante très vigoureuse, à fleurs très grandes, d'une tenue parfaite et d'une belle couleur jaune d'or ; à part la différence de forme qui les fait classer, l'un dans les *Incomparables* et l'autre dans les *Trompettes*, le Narcisse Sir Watkin ressemble au Narcisse Empereur.

On cultive deux variétés de *Narcisses incomparables*

doubles (fig. 172) le double commun à grandes divisions jaune paille entremêlées de jaune plus foncé presque orangé, et le *Narcisse orange Phénix* dans lequel ces mêmes parties centrales sont tout à fait orange et les

FIG. 171. — Narcisse incomparable Sir Watkin (*Narcissus Gouani* var.).

divisions extérieures d'un blanc presque pur ; ce dernier surtout est extrêmement beau et très ornemental.

Narcisse des poètes (fig. 174). C'est encore une des plantes qui se trouvent le plus communément dans les jardins un peu rustiques où l'on aime bien les fleurs qui, sans réclamer de soins, reviennent fidèlement d'elles-mêmes chaque année à la même époque.

Le *Narcisse des poètes* est commun dans les prés d'une grande partie de la France ; on en cultive aux environs de Paris, surtout du côté de Montreuil et de Bagnolet, une très belle variété remarquable à la fois par la précocité de sa floraison et par la grande ampleur et la belle

FIG. 172. — Narcisse incomparable à fleurs doubles (*Narcissus incomparabilis, flore pleno*).

couleur blanche de ses fleurs. C'est le Narcisse des poètes, simple, hâtif, *N. poeticus ornatus* (fig. 173) des horticulteurs, qui mérite assurément la préférence sur toutes les autres races de Narcisses des poètes simples. Pendant la fin d'avril, Paris en est littéralement inondé ; on le voit à la fois sur les marchés, dans les voitures des

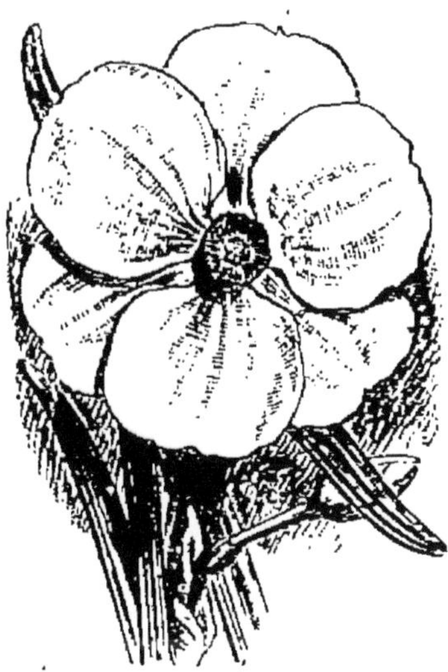

Fig. 173. — Narcisse des poètes simple hâtif *(Narcissus poeticus ornatus)*

Fig. 174 — Narcisse des poètes, simple (*Narcissus poeticus*).

revendeurs, dans les baraques, et aux étalages des fleuristes.

On cultive aussi une forme double de ce Narcisse, et c'est pour le fleuriste une plante d'un grand intérêt et d'une grande valeur (fig. 175); pendant le mois de mai,

Fig. 175. — Narcisse des poètes doubles (*Narcissus poeticus, flore pleno*).

on emploie souvent ce Narcisse pour remplacer le Gardenia dans les bouquets et dans les corbeilles, et ce mode d'emploi suffit pour lui donner une grande importance.

La *Jonquille*, un peu délicate pour le climat de Paris, se cultive sur une grande échelle en Anjou et dans le midi de la France (fig. 176); la forme double est à peu

FIG. 176. — Jonquille double (*Narcissus Jonquilla, flore pleno*).

près la seule que produisent les fleuristes, la Jonquille simple est réservée pour la parfumerie,

Le *Narcisse odorant, N. odorus*, dit aussi *Jonquille campernelle*, a la fleur beaucoup plus grande que la Jonquille véritable; comme elle, il est d'un jaune d'or intense. Le mois d'avril est son époque de floraison.

Tous les Narcisses sont des plantes extrêmement faciles à cultiver, donnant en pleine terre et presque sans soin des fleurs très élégantes et très gracieuses de forme. On ne saurait, à ce titre, en trop recommander la culture.

Renoncules. *Ranunculus Asiaticus, R. Africanus*, var. — Un peu de protection pendant les mois les plus durs de l'hiver ne nuit pas aux Renoncules cultivées sous le climat de Paris; la floraison en est habituellement plus belle et plus assurée. C'est de la Hollande, comme les Jacinthes, qu'on tire généralement ces Renoncules dont on cultive huit ou dix variétés extrêmement doubles (fig. 175). La *Pivoine rouge*, d'une couleur de sang très intense, le *Turban noir*, ressemblant à la précédente,

FIG. 177. — Renoncule double (*Ranunculus Asiaticus, flore pleno*).

avec une teinte très foncée sur le bord des pétales; le *Souci doré*, jaune orangé, le *Turban blanc*, très double et d'un blanc pur, le *Prince Galitzin*, jaune vif à pétales bordés de rouge carmin; toutes ces variétés à fleurs très pleines ne se reproduisent que par les racines ou griffes.

Une race peut-être plus intéressante encore pour les fleuristes, plus élégante certainement, et plus variée de coloris, est la *Renoncule semi-double de Florence* (fig. 178); on y voit toutes les teintes possibles du blanc au rouge et au gris ardoisé; les fleurs ne sont, en général, pas

FIG. 178. — Renoncule semi-double de Florence (*Ranunculus Asiaticus*, var.).

très pleines, et en sont d'autant plus légères et plus fraîches de coloris; le semis, sans reproduire identiquement les caractères des plantes mères, donne une forte proportion de fleurs doubles, et permet d'obtenir quelquefois des variations intéressantes.

Scilles. *Scilla nutans, S. campanulata, S. Sibirica.* — Sauvage dans les environs de Paris comme les Narcisses hâtifs, la *Scille penchée* est une des fleurs qui se récoltent au printemps dans les bois pour être vendues aux Parisiens ; elle rappelle la Jacinthe par la forme et la disposition de ses fleurs bleues, mais les hampes florales en sont plus légères, plus menues et laissent pendre leurs fleurs d'une façon très élégante. Outre la forme bleue qui est le type de l'espèce, il en existe une variété rose et une autre blanc pur.

La *Scille campanulée,* plus grande, plus vigoureuse, donnant des épis de fleurs plus fournis, fleurit un peu plus tard que la Scille penchée, et lui ressemble beaucoup par la forme et le coloris des fleurs ; mais elle n'a pas comme elle la disposition penchée qui lui a fait donner son nom ; il en existe une race à fleurs blanches très jolie, dont les fleurons arrondis en clochettes rappellent un peu, en plus grand, la fleur du Muguet.

Je ne puis guère omettre de mentionner aussi la *Scille de Sibérie* dont les fleurs sont remarquables par leur coloris d'un bleu d'outre-mer des plus intenses ; les hampes florales sont si courtes qu'elles ne peuvent pas entrer dans les bouquets, mais un fleuriste adroit ou toute autre personne qui sait tirer parti des fleurs, trouvera toujours moyen d'utiliser ces petites fleurettes en étoiles d'une si riche couleur bleue.

Tigridia. *Tigridia pavonia.* — Si les fleurs de cette plante pouvaient avoir autant de durée que d'éclat, elles éclipseraient sans doute presque toutes celles qui existent dans les jardins, malheureusement leur durée se compte non pas par jours, mais par heures, et la fleur ouverte un matin se fane avant le soir de la même journée (fig. 179) ; mais pendant leur courte existence,

Fig. 179. — Tigridia à œil de paon (*Tigridia pavonia*).

les fleurs du Tigridia sont si belles et si éclatantes qu'on ne saurait les passer absolument sous silence ; elles forment une large coupe blanche, jaune ou orangée, toute tigrée de rouge carmin, et de laquelle se détachent trois larges divisions disposées en triangle et reproduisant la couleur de la coupe, mais sans panachures.

La variété blanche est tout particulièrement belle et remarquable.

On obtient la floraison des Tigridias pendant tout l'été en plantant les bulbes au mois d'avril ; on doit, sous le climat de Paris, les rentrer à l'automne et les conserver au sec et à l'abri de la gelée pendant l'hiver.

Tritoma. *Tritoma uvaria, T. Mac Owani.* — Ces belles

plantes originaires du Cap de Bonne-Espérance, ne sont complètement rustiques que dans le midi ou l'ouest de la France; elles peuvent cependant vivre aux environs

Fig. 180. — *Tritoma uvaria.*

de Paris moyennant un peu de protection pendant l'hiver (fig. 180). Du milieu des touffes de verdure formées par leur feuillage s'élèvent de hautes tiges nues portant à leur sommet un épi très compact et pyramidal de fleurs étroites à long tube vermillon, bordé de jaune à son extrémité.

Les variétés qui donnent des épis nombreux et de dimension moyenne sont les plus intéressantes pour le fleuriste. Les fleurs de Tritoma ont l'avantage de se conserver très longtemps dans l'eau.

Tubéreuses. *Polyanthes tuberosa.* — Avec un peu de chaleur artificielle sous le climat de Paris, en pleine terre dans le midi de la France, la Tubéreuse fleurit facilement dès le mois d'août et pendant toute la fin de belle saison; c'est une fleur trop connue pour qu'il soit nécessaire de la décrire; ses belles fleurs ressemblant à une grande Jacinthe blanche double et son parfum très pénétrant sont familiers à tout le monde. Les fleuristes en font très grand usage non seulement en rameaux entiers, mais

Fig. 181. — Tubéreuse double (*Polyanthes tuberosa, flore pleno*).

aussi en détachant et en montant séparément chacune des fleurs qui, grâce à leur consistance charnue peuvent se conserver fraîches assez longtemps, même séparées de leurs tiges.

Dans le Midi, on cultive pour la parfumerie la Tubéreuse simple, et le commerce des fleurs coupées ne dédaigne pas d'en utiliser les plus jolis rameaux, mais la race double (fig. 181) est préférée de beaucoup et plantée très largement en vue de ses fleurs.

Il en existe une race dite *la Perle* à tiges florales moins hautes, à épis plus courts et plus fournis, et surtout à fleurs plus doubles et d'un blanc plus pur : elle mérite assurément d'être adoptée.

Tulipes. *Tulipa præcox*, *T. Gesneriana*, *T. turcica*, etc. — Les tulipes le cèdent fort peu aux Jacinthes par l'importance de la culture qui en est faite en vue du commerce de leurs fleurs. Depuis le mois de janvier jusqu'au mois de juin, les boutiques des fleuristes en sont approvisionnées, soit par la culture forcée, soit par la production en pleine terre. On a l'habitude de les diviser en *Tulipes hâtives* et *Tulipes tardives*, il convient d'y joindre comme troisième division, les *Tulipes dragonnes* ou *Tulipes perroquet* qui sont en grande faveur depuis quelques années.

Au nombre des meilleures Tulipes hâtives sont les différentes variétés de la *Tulipe duc de Thol* (fig. 182), dont l'une est rouge écarlate uni, une autre jaune citron vif, une autre blanc pur et une autre délicatement teintée de rose sur fond blanc ; la *Tulipe tournesol*, à fleurs doubles ou semi-doubles, est encore une de celles qui se forcent le plus pendant l'hiver ; elle donne des fleurs en boule, d'un rouge écarlate foncé entouré d'une large bordure jaune. La *Tulipe archiduc d'Autriche* présente la même combinaison de couleurs, mais sur une fleur simple et allongée en forme d'œuf;

c'est une de celles qui se vendent le plus à Paris. Il faut citer encore, parmi les Tulipes hâtives, la *Blanche* et la *Jaune parisiennes*, à hampe haute et grêle qui peuvent

Fig. 182. — Tulipe duc de Thol (*Tulipa suaveolens*, var.).

former de très beaux bouquets, et *la Candeur*, très jolie fleur, blanche au début se teignant ensuite de rose de plus en plus vif.

Les *Tulipes tardives* qui ne fleurissent que dans le courant de mai sont les plus belles au gré des amateurs (fig. 183), mais comme elles paraissent à une époque où les fleurs de toute sorte sont déjà communes, elles ont en définitive, moins d'intérêt pour les fleuristes que les variétés à fleurs simples, soit à fond blanc, soit à fond jaune.

Les *Tulipes dragonnes* sont caractérisées par la longueur de leurs pétales et par la manière dont ils sont dentés et déchiquetés sur les bords : cette disposition bizarre de la fleur jointe aux panachures variées qu'elle présente et où le jaune, le rouge, le brun et même le vert

Fig. 183. — Tulipe simple tardive (*Tulipa Gesneriana*).

s'entremêlent d'une façon étrange, donnent à ces fleurs un aspect tout à fait particulier, très frappant et très ornemental. On les voit beaucoup depuis quelques années aux établissements des fleuristes et dans les appartements où l'on peut tirer un parti très heureux de leurs vives couleurs et de leur bizarre conformation.

Toute les Tulipes se reproduisent par leurs bulbes comme les Jacinthes; on doit les planter avant l'hiver, presque toutes fleurissant trop tôt pour pouvoir n'être plantées qu'au printemps, et la conservation des bulbes pendant tout l'hiver présentant quelques difficultés. Elles se forcent très aisément dans les appartements, et leur culture sous verre en vue d'obtenir une floraison plus hâtive constitue une véritable industrie dans tout le centre et le nord de l'Europe. Des millions de bulbes des variétés précoces, principalement des Tulipes duc de Thol simples et doubles et de la Tulipe tournesol double, sont forcés tous les ans. On les voit en quantité aux devantures des fleuristes à la fin de l'hiver généralement réunis par trois, dans des pots de petite dimension où les plantes semblent fort à l'étroit ; c'est qu'en général elle n'ont pas accompli dans ce pot toute leur végétation. Les bulbes sont d'ordinaires mis par centaines sur une couche chaude et relevés à mesure que leur floraison est suffisamment avancée avec la terre adhérente à leurs racines ; on peut de la sorte composer à coup sûr chaque potée avec trois plantes également avancées, tandis qu'en plantant dès l'abord trois bulbes à demeure dans un pot on ne peut pas être certain qu'ils fleuriront simultanément.

Les Tulipes dragonnes sont celles qui se cultivent le plus en vue de leurs fleurs coupées.

V. Les Plantes de Serre

Quelques-unes des meilleures fleurs à couper, de celles qui sont d'une vente courante, ne peuvent pas se cultiver en pleine terre sous le climat de Paris, et ne se passent pas, même dans le Midi, de la protection des châssis ou des serres. Elles ne doivent pas pour cela être complètement omises de cet ouvrage, c'est pourquoi je les ai réunies dans un chapitre spécial.

Anthurium Scherzerianum. — Il y a trente ans à peine que cette curieuse Aroïdée a été introduite dans les cultures et elle y a conquis rapidement une place importante. On voit très fréquemment aujourd'hui et pendant tout l'hiver aux étalages des fleuristes ses spathes d'un rouge vermillon intense, généralement contournées, d'une contexture épaisse et charnue qui semblent une langue de cuir teinte du rouge le plus brillant. Ces spathes ont le mérite de se conserver longtemps et leur coloris très brillant les rend très décoratives. La plante qui les porte ne réussit bien qu'en serre chaude.

Bouvardias. — Il en est de même des Bouvardias, genre de Rubiacées de l'Amérique méridionale, qui porte à l'extrémité des rameaux des bouquets de fleurs à quatre pétales en croix, de couleurs et de dimensions très variables. Les races les plus recherchées sont à fleurs blanc pur, roses ou écarlates. On les obtient assez aisément pendant tout l'hiver et le printemps.

Cyclamen de Perse. — C'est le plus facile à cultiver de tous les Cyclamens, bien que son tempérament un peu délicat demande à Paris le secours de la chaleur artificielle. Depuis dix ans des progrès énormes ont été faits dans le perfectionnement de cette plante comme dans celui des Primevères de Chine. Non seulement les dimensions de la plante dans toutes ses parties ont été accrues, mais la variété des coloris a été grandement augmentée par l'obtention de races panachées, ponctuées lilacées, rouge sang, et même à fleurs doubles.

En même temps la rapidité de végétation a été accrue au point que l'on voit chez les fleuristes au moment de Noël et du Jour de l'an des plantes qui portent jusqu'à trente ou quarante fleurs à la fois et qui cependant ne sont pas âgées de plus de douze ou quatorze mois.

Gardenia. *Gardenia florida.* — Pendant de longues années la fleur de boutonnière par excellence, aujourd'hui encore fort appréciée et fort recherchée. Les dimensions réduites sans excès, la disposition un peu onduleuse de ses pétales abondants sans confusion, la blancheur mate et durable de la fleur, le feuillage vert foncé qui l'accompagne et en fait ressortir l'éclat, tout se réunit pour faire du Gardenia une fleur vraiment élégante et agréable à porter. En outre, elle a l'avantage de pouvoir être obtenue presque toute l'année tant à cause de la production échelonnée des fleurs sur une même plante que de la complaisance du Gardenia à se laisser avancer ou retarder par la culture. Si donc le Gardenia doit aujourd'hui partager l'empire de la mode avec les Œillets et avec les Orchidées, il n'y a pas à craindre qu'il soit jamais complètement détrôné.

Narcisses à bouquets. *N. Tazzeta.* — Il faut compter au nombre des plantes qui exigent l'emploi de la chaleur artificielle ces jolis Narcisses odorants, si variés de couleurs, qui sont pourtant indigènes dans le midi de la France. Mais si l'on en produit là, en pleine terre, des bulbes parfaitement développés, ce n'est que dans les bâches et les serres qu'on en obtient des fleurs tout à fait fraîches et sans défauts. On peut, comme les Jacinthes, les forcer dans l'eau pure, mais ils réussissent mieux en terre, en pots ou en caisses.

Les meilleures variétés et les plus dignes d'être cultivées sont les suivantes :

Totus albus, blanc pur. On adopte de plus en plus, à la place de l'ancienne variété, le Narcisse *totus albus à grandes fleurs* qui lui est en effet préférable par l'ampleur de ses fleurs et leur forme élégamment étoilée.

Grand monarque. Bouquet très fort et très garni de grandes fleurs blanc pur à coupe jaune citron. C'est un des plus tardifs, mais aussi des plus beaux parmi les Narcisses à bouquets.

Soleil d'or. Fleurs d'un jaune d'or très intense et très riche.

Mis en terre de septembre en décembre, les Narcisses à bouquets peuvent avec des soins appropriés, fleurir pendant tout l'hiver et jusqu'au mois de mai.

Pervenche de Madagascar. *Vinca rosea.* — Bien que cette jolie fleur se voie plus souvent chez les fleuristes sous forme de potées vivantes que de bouquets, elle mérite pourtant d'être mentionnée à cause du joli effet que ses branches fleuries produisent au milieu d'autres fleurs. On peut la cultiver sous bâches presque froides, la rapidité de sa végétation permettant de ne la semer qu'en avril ou mai pour la faire fleurir en automne ou même à la fin de l'été. On en distingue trois variétés, une rose, une blanc pur et une blanche à cœur rose. Toutes les trois se reproduisent par le semis.

Primevères de Chine. *Primula Sinensis*, var. — Introduite peu après 1820, la Primevère de Chine a moins varié pendant les quarante premières années que depuis les trente années suivantes. Dans la première période, en effet, elle avait donné une race à fleurs blanches et des fleurs frangées, mais plus récemment elle a produit, outre des races à coloris plus intenses que tout ce qu'on avait vu jusque-là, des races à feuilles allongées, dites à feuilles de fougères, des races à fleurs doubles et enfin des formes à corolle extraordinairement large et d'une consistance bien plus épaisse que celle de la plante primitive.

Je n'insisterai pas sur la culture des Primevères de Chine parce que, à part quelques variétés à fleurs doubles, elles entrent peu dans la composition des bouquets et s'emploient rarement comme fleurs coupées, sauf dans les corbeilles blanches et bouquets pour fiancées dans lesquels elles trouvent parfois leur place.

Toutes les primevères de Chine se reproduisent par graines et, au moyen de semis échelonnés, on peut les avoir en fleur de novembre jusqu'en mai.

Stephanotis. — Voisin des Bouvardias, le Stephanotis se cultive et s'emploie comme eux. Il se distingue par la grandeur de ses fleurs blanches à pétales en croix, qui ressemblent un peu à un grand Jasmin blanc. C'est une plante de serre chaude, mais relativement facile à cultiver et à diriger, dont les fleurs, d'un blanc très pur, sont appréciées en toute saison. On les emploie dans les bouquets blancs, dans les garnitures de toute sorte et comme fleur de boutonnière.

Orchidées. — Les Orchidées mériteraient de faire à elles seules l'objet d'un chapitre entier, car elles occupent aujourd'hui, dans l'industrie des fleurs coupées, une place de plus en plus importante et correspondant à celles qu'elles ont conquise depuis longtemps déjà dans l'horticulture en général.

Longtemps elles ont été considérées comme des raretés et des excentricités végétales, forcément réservées à quelques amateurs opulents et un peu maniaques, seuls capables de payer plusieurs milliers de francs une plante bien développée de quelque Orchidée exotique. Mais peu à peu l'on s'est aperçu que, d'une part, bien peu de fleurs se conservaient aussi longtemps que celles des Orchidées, soit sur la plante, soit même coupées et mises dans l'eau, et que, d'un autre côté, certaines espèces étaient d'une culture facile et même très simple, et, partant, très peu coûteuse. Il en est résulté que des fleuristes ont commencé à vendre les fleurs de surplus de certains amateurs et ensuite à cultiver pour leur propre compte les espèces les plus ornementales, et à en utiliser les fleurs dans leurs bouquets et leurs ouvrages de toute sorte. Aujourd'hui les Orchidées sont entrées, au nombre des fleurs d'un usage courant, aussi bien pour la toilette des femmes et des hommes que pour la décoration des tables et des appartements.

Aucune description ne peut donner une idée de l'infinie variété de formes et de coloris que présentent les fleurs d'Orchidées. On les a comparées avec raison à des papillons, à des oiseaux-mouches, à des insectes aux brillantes couleurs; ces comparaisons sont justes et cependant insuffisantes à donner une idée exacte de la bizarrerie de formes et de l'éclat de certaines de ces fleurs.

La consistance en est parfois très légère comme celle d'une étoffe fine et transparente, tantôt ferme et épaisse comme de la cire ou de la porcelaine. En outre, quelques-unes sont douées d'une odeur qui rappelle celle d'autres plantes, comme le *Lælia albida* qui sent la Primevère, l'*Acropera Loddigesii* qui sent la Giroflée, le *Maxillaria aromatica* qui sent la Cannelle et le *Dendrobium moschatum* dont le nom indique la senteur musquée.

Presque toujours les fleurs d'Orchidées sont très durables, au point de se conserver plusieurs semaines et même plusieurs mois. On cite à ce propos des exemples presque incroyables, des inflorescences de *Dendrobium bigibbum*, de *Masdevalia Normani*, de *Phalenopsis rosea*, persistant jusqu'à six mois de suite ; mais sans compter sur une durée pareille, il est certain que l'on peut garder plusieurs semaines des fleurs des espèces citées et, en outre, de divers *Cypripedium*, de *Dendrobium Dearei*, de *Cœlogyne ocellata*, de *Lycaste Skinneri*, d'*Odontoglossum cordatum*, d'*Oncidium tigrinum*, *cucullatum*, *flexuosum*, de *Masdevalia tovarensis*, de *Phalænopsis grandiflora*, de *Sophronitis grandiflora* et de *Vanda cærulea*.

Les exigences des Orchidées au point de vue de la

chaleur qui leur est nécessaire sont très diverses ; mais un fait commun à toutes les espèces, c'est leur refus de

FIG. 184. — *Masdevalia tovarensis*

se laisser influencer par le forçage, quant à leur époque de floraison. Toutes se montrent rebelles aux tentatives de modification à leurs habitudes et elles ne donnent leurs fleurs qu'à l'époque fixée pour chacune par la nature.

M. Lewis Castle, auteur d'un excellent ouvrage élé-

Fig. 185. — *Cypripedium Sedeni.*

mentaire sur les Orchidées [1], a établi, mois par mois, un tableau de la floraison des Orchidées, dont je reproduis ci-dessous les plus importantes indications :

[1] Castle, *Les Orchidées, structure, histoire et culture*, traduit par A. de Menlenaere.

Hiver.

Cattleya Percivaliana, Trianœ, citrina.
Cypripedium insigne, barbatum Sedeni.
Cœlogyne cristata.
Dendrobium nobile, Wardianum, superbiens.
Lælia albida, anceps, harpophylla.
Lycaste Skinneri.
Odontoglossum crispum (Alexandræ) ornithorynchum, Pescatorei.
Phalænopsis grandiflora, Sanderiana, Schilleriana, Stuartiana.
Vanda cærulescens.
Zygopetalum Mackayi.

Printemps.

Cattleya Mendeli, Skinneri, Massiæ.
Cymbidium Lowianum.
Dendrobium moschatum.
Epidendrum vitellinum
Lælia purpurata, crispa.
Masdevalia Lindeni.
Odontoglossum vexillarium.
Oncidium crispum, papilio.
Saccolabium Blumei.

Été.

Cattleya Loddigesii, maxima.
Cypripedium Veitchii.
Dendrobium Dearei.
Disa grandiflora.
Epidendrum falcatum.
Oncidium bicolor, tigrinum.
Vanda cærulea.

Automne

Angræcum sesquipedale.
Calanthe Veitchii.
Cymbidium giganteum
Cypripedium niveum, concolor.
Lælia autumnalis.
Odontoglossum Roezlii
Phalænopsis, Lowi.
Sophronitis cernua.

Toutes ces plantes sont intéressantes au point devue de la production des fleurs à couper, mais s'il fallait se limiter à en citer une douzaine comme tout particulièrement avantageuses et utiles, ce sont les suivantes qu'il faudrait désigner :

Fig. 186. — *Dendrobium nobile.*

Fig. 187. — *Cattleya Mendeli.*

Fig. 188. — *Odontoglossum crispum.*

Aerides odoratum.
Cattleya Trianæ.
Cælogyne cristata.
Cypripedium insigne.
Dendrobium Dearei, nobile.
Epidendrum vitellinum.
Lælia anceps.
Masdevalia Lindeni, tovarensis.
Odontoglossum crispum, Pescatorei.

Le plus grand nombre de ces plantes fleurit en hiver, à la saison où les fleurs en sont d'autant plus appréciées que les autres fleurs sont plus rares.

VI. Arbres et arbustes

Certains arbustes et même plusieurs grands arbres, en même temps qu'ils ornent les massifs de verdure de nos jardins ont des fleurs assez belles pour entrer dans la composition des bouquets.

Althea. — Ces jolis arbustes donnent de grandes fleurs ressemblant à celles de la Rose trémière; on en cultive des variétés simples et des doubles remarquables les unes et les autres par la fraîcheur et la diversité de leur coloris.

Un des plus grands mérites des Altheas est de fleurir au mois d'août et de septembre, à une époque où les fleurs d'arbres et d'arbustes sont extrêmement rares.

Boules de neige. — Les fleurs gracieuses qui portent ce nom n'apparaissent que longtemps après que les vraies Boules de neige sont fondues, et elles en ont toute la blancheur.

L'arbuste, lorsqu'il est encore jeune, peut être soumis au forçage; on le fait sur une assez grande échelle.

La *Boule de neige du Japon, Viburnum plicatum*, est un peu plus tardive et donne des bouquets plus gros que l'espèce indigène.

Parmi les **Ceanothes**, il faut surtout signaler les va-variétés hybrides remontantes qui forment de grandes grappes employées avec succès par les fleuristes, surtout à l'arrière-saison.

Cytises. — Les *faux Ébéniers* viennent au mois de mai. Ils portent des grappes de fleurs jaune vif très souples et très gracieuses qui s'unissent à merveille avec leur feuillage pâle et un peu gris.

Lilas. — Le forçage du Lilas est une des industries horticoles les plus importantes des environs de Paris. C'est là qu'elle a pris naissance et c'est là qu'elle continue à s'exércer avec le plus de succès. Il est probable que cela tient, dans une certaine mesure, à la qualité des plantes préparées pour le forçage, car on voit beaucoup d'horticulteurs de l'étranger, qui forcent le Lilas chez eux, faire venir de Paris les plants qu'ils doivent traiter. Les environs de Vitry-sur-Seine sont le grand centre de production du Lilas à forcer ; environ deux cents hectares sont consacrés à cette culture, mais comme on ne force les plants qu'à partir de l'âge de cinq ans et souvent qu'à huit ans, ce n'est que le sixième de cette étendue, soit environ trente-cinq hectares que l'on exploite chaque année. Comme un hectare contient de 30 à 35.000 pieds, c'est un chiffre de 1.200.000 à 1.300.000 touffes qu'on livre annuellement au forçage.

On n'arrache les plants qu'au fur et à mesure des

besoins et on les enlève avec une forte motte de terre adhérente à leurs racines.

Amenées chez le forceur, les touffes sont d'abord émondées et taillées, toutes les pousses étant supprimées, à l'exception de celles qui paraissent porter des boutons à fleur. Ensuite, les plants ainsi préparés sont placés près à près, toujours munis de leur motte, dans les serres à forcer.

Un mètre carré peut en contenir de huit à douze. Les serres, très fortement chauffées, sont tenues dans une obscurité complète quand on veut obtenir du lilas blanc.

Il paraît prouvé cependant que l'obscurité n'est pas absolument nécessaire au blanchissement du Lilas, pourvu que la température soit très élevée; mais, la couverture des châssis vitrés au moyen de paillassons a le double avantage de s'opposer à la déperdition de la chaleur en même temps qu'elle exclut la lumière. Quand on veut obtenir du Lilas rose, on chauffe moins fortement et l'on donne un peu de lumière.

Il faut à peu près six semaines pour obtenir du Lilas rose et de trois à quatre pour faire fleurir du Lilas blanc. Ce dernier s'obtient de préférence avec la variété dite *de Marly*.

L'usage du Lilas blanc forcé est tellement entré dans les habitudes, qu'on le produit actuellement à peu près toute l'année.

Le *Lilas* considéré comme fleur de pleine terre vient un peu plus tard dans la saison. Nous avons vu que le forçage de cette plante est l'objet d'un commerce considérable, mais la vente des fleurs venues en plein air ne laisse pas que d'être fort importante.

Comme je l'ai expliqué, en effet, le forçage produit une fleur uniformément blanche ou rosée, quelle que soit la variété employée; les espèces de pleine terre sont, au contraire, extrêmement variées de forme et de coloris : le *Lilas blanc, Lilas de Marly*, le *Lilas Varin*, le *Lilas de Perse*, le *Lilas de Charles X*, fleurissent à peu près tous en même temps et encombrent le marché dès les premiers beaux jours.

Les buissons de feuilles piquantes des **Mahonias** se constellent dès le printemps de petites fleurs jaunes, d'autant plus appréciées qu'à cette époque, la végétation encore endormie est avare de ses dons.

Le mois d'avril voit s'épanouir le **Merisier** à fleurs blanches, arbre dont le bois rougeâtre se couvre de fleurs avant que le feuillage ne soit encore tout à fait développé; ses fleurs sont très blanches et très doubles, avec une petite feuille à la place des carpelles.

Les **Mimosas** dont il sera parlé à propos du Midi, leur pays de prédilection sont certainement les plus populaires parmi les fleurs d'arbustes.

Les **Pivoines**, qui sont les plus grosses de toutes les fleurs, comptent une espèce arborescente, la *Pivoine Moutan*, qui forme de beaux buissons se couvrant en mai de larges fleurs plus ou moins doubles, mais toujours d'un dessin très gracieux et très élégant; il y a des siècles que ces belles plantes sont cultivées en Chine et au Japon, et elles font un des sujets les plus fréquents des broderies ou des peintures des artistes de l'extrême Orient. Très variées de teintes, ces Pivoines présentent presque tous les coloris imaginables depuis le blanc pur jusqu'au rouge grenat le plus foncé. On peut dire, sans exagération, qu'il n'existe pas de fleurs plus décoratives.

Le **Pommier** *à fleurs doubles* fleurit vers le mois d'avril; il donne de charmants bouquets de fleurs colorées rose vif.

Le **Seringat** est une fleur blanche très simple et très gracieuse en même temps que très répandue. Malheureusement son odeur excessivement forte et pénétrante le fait souvent rejeter pour l'ornementation des appartements; mais une variété à grandes fleurs, et tout à fait inodore, trouve, avec raison, une grande faveur auprès du public.

Spirées. — Plusieurs espèces de Spirées ligneuses donnent des fleurs très légères et convenant très bien à la garniture des bouquets.

Ce sont, entre autres, les *Spirea sorbifolia*, dont les boutons non encore ouverts forment de charmantes petites boules blanches, le *Spirea Lindleyana* à grappes pyramidales.

Le *Spirea prunifolia* à fleurs doubles, produisant à l'aisselle des feuilles une multitude de petites fleurs blanches comme une Rose en miniature, forme de longues guirlandes extrêmement gracieuses et légères.

Le *Spirea callosa*, var. *Fortunei*, donne ses fleurs en bouquets aplatis et larges d'un beau rose foncé.

Enfin le *Spirea ariæfolia* termine chacun de ses rameaux par une grappe de fleurs blanches extrêmement déliées et presque retombantes d'une légèreté tout à fait remarquable.

Les Roses

Chaque sorte de fleurs, quand on vient à la considérer en particulier, semble être la plus intéressante et la plus importante de toutes. S'il en est une pour laquelle cette prétention puisse paraître amplement justifiée, c'est bien la Rose qui, de tout temps, a été la fleur la plus admirée et la plus recherchée, et dont le nom vient de lui-même à l'esprit lorsqu'on parle d'une fleur sans en préciser l'espèce.

Dans tous les climats tempérés, il n'est pas de jardins sans Roses, et certaines variétés obtenues par nos horticulteurs se plantent en vue de la production commerciale par centaines de mille.

En première ligne vient *la France,* Rose hybride très double et vigoureuse sur une tige très flexible; elle a une forme à peu près ovoïde et s'épanouit très peu; quelques pétales seulement se détachent du cœur et se retournent sur les bords. Cette fleur est d'un très joli rose vif; le dessus des pétales est un peu plus pâle que le dessous; elle l'emporte également sur toutes les autres Roses par son odeur très suave. Elle est très remontante et les fleurs en sont belles dans toutes les saisons.

Le *Paul Néron* est, comme *la France*, une Rose de haut luxe; elle est extrêmement double et grosse; ses pétales sont larges et veloutés, d'un rose foncé : les tiges sont très longues et garnies de feuilles, elles ne portent qu'une ou deux fleurs. Cette Rose, un peu raide et moins gracieuse que la précédente est très décorative; on en voit des fleurs qui atteignent la largeur d'une Pivoine.

Le *Capitaine Christy* est une fleur large et ronde bien épanouie; ses pétales légèrement retournés sont d'un rose très particulier et très joli; les tiges sont droites et longues et portent ordinairement à leur sommet une agglomération de boutons; il est bon de les supprimer et de ne laisser qu'une fleur au sommet de chaque tige. La grosseur de la fleur, qui fait une partie de sa valeur vénale, dépend de cette condition.

Baronne de Rothschild a une fleur ronde, grosse, d'un rose uni et très frais; son feuillage est foncé et se trouve placé tout près et autour de la fleur. Cette Rose est dépourvue de parfum.

Jules Margotin est encore une grosse Rose, quoiqu'elle le soit beaucoup moins que les précédentes; l'arbuste est très florifère, en même temps qu'il produit beaucoup de joli feuillage. La fleur est rose vif.

Madame Victor Verdier est une des plus jolies Roses rouges; son port et sa forme sont très gracieux, mais elle est assez délicate et demande quelques soins. Pour elle comme pour le *Capitaine Christy*, il est à recommander d'éliminer beaucoup de boutons avant la floraison.

Souvenir de la Malmaison est une rose très double et

presque blanche, ou du moins d'un rose très pâle; elle est jolie en gros boutons; une fois ouverte, elle change tout à fait d'apparence sans rien perdre de sa beauté. Elle est très florifère, très remontante, et reste longtemps fraîche dans l'eau.

Roses thé. — Les *Roses thé* ont, sur les autres roses, l'avantage de conserver plus longtemps leur éclat lorsqu'elles sont coupées et mises dans l'eau; elles sont, d'ailleurs, remontantes et, en général, très productives, leur culture doit donc être recommandée.

Le *Maréchal Niel*, est d'un jaune intense; sa forme est celle d'un ovoïde très allongé; ses pétales sont grands et s'ouvrent peu.

Cette rose est très propice à la culture en espalier; elle a besoin de beaucoup de chaleur, d'ailleurs, sa tige est faible et ses fleurs retombantes.

La *Gloire de Dijon*, rose noisette, grosse et très double; ses bords sont rose saumoné et son centre est cuivré. C'est une plante grimpante très vigoureuse et très remontante.

William Allen Richardson. — Cette rose est peu grosse et pas très double, ses boutons particulièrement longs sont d'un beau jaune cuivré, ses pétales sont larges. Cette rose très florifère se cultive en espalier.

Marie Van Houtte a un coloris très particulier; sa teinte générale est jaune soufre, tandis que les bords des pétales extérieurs sont d'un joli rose. Cette fleur est une des plus gracieuses et des plus délicates.

Reine Marie-Henriette. — Voici une rose nouvelle,

thé, rouge et grimpante. C'est une grande et belle fleur d'un coloris superbe; son parfum est excellent, sa floraison très abondante au mois de juin et elle remonte ensuite pendant tout l'été.

Citons enfin la *Gloire de Margotin*, Rose double d'un coloris rouge écarlate très foncé, extraordinairement brillant, et *Madame G. Bruant*, remontante, à feuillage très reticulé, tenant du *Rosa rugosa* d'où elle est issue, et à boutons très allongés, très effilés, d'un blanc pur.

Bien que les Roses à floraison perpétuelle soient à bon droit préférées aujourd'hui à toutes les autres, il est impossible de passer sous silence deux espèces qui font l'objet d'un commerce très important.

L'une est la *Rose cent feuilles*, la Rose par excellence des anciens peintres qui garde toujours un charme particulier à cause du grand nombre, de l'apparence soyeuse, et du coloris frais et presque transparent de ses pétales. Son époque de floraison s'étend de la fin de mai au commencement de juillet.

Elle est devancée par la *Rose pompon*, charmante miniature que les botanistes croient n'en être qu'une variété.

La Rose pompon paraît à Paris en même temps que le Muguet, avec lequel elle s'associe d'une façon très heureuse.

Un grand nombre de Roses des variétés remontantes ou hybrides sont cultivées pour la production des fleurs non de saison, soit dans des serres spéciales, soit plantées et palissées dans des serres consacrées à d'autres cultures.

Ce genre de production prend de plus en plus d'importance à mesure que le luxe des fleurs se répand davantage et que les belles Roses sont plus recherchées en toute saison. Même dans le Midi où la plupart des Roses fleurissent presque toute l'année en pleine terre, le secours des abris vitrés est employé avec grand succès pour régulariser et pour améliorer la production au point de vue de la fraîcheur et de la beauté des fleurs.

Mais celle de toutes les Roses qui se force en plus grande quantité, c'est la Rose non remontante dite *Rose de la reine*, c'est celle qui décore le plus généralement les corbeilles de table et garnitures d'appartement pendant les mois d'hiver. Cultivée sur de grandes étendues en plein champ dans les environs de Paris, surtout aux alentours de Brie-Comte-Robert, la *Rose de la reine* se force dès la fin de l'automne dans de petites serres basses qui n'ont rien de pittoresque.

Une même serre peut dans le cours de l'hiver, servir à forcer trois saisons de Roses, dont la première l'occupe deux mois et les deux suivantes un peu moins longtemps chacune.

Sous l'influence de la chaleur et du grand éclairement les tiges s'allongent, s'amincissent et restent trop faibles pour supporter le poids de la fleur, ce qui oblige à la soutenir au moyen d'un fil de fer. Les quelques pousses qui ne fleurissent pas, fournissent le feuillage nécessaire pour accompagner les fleurs.

VII. Fleurs Spéciales au Midi.

Anthemis Étoile d'or. *Chrysanthemum frutescens*, var. — Cette excellente fleur d'hiver qui constitue un des produits importants de la côte méditerranéenne est une simple variation obtenue de semis du Chrysanthème en arbre cultivé dans sa forme à fleurs blanches comme plante de marché et d'appartement. La variété méridionale se distingue par la belle couleur jaune d'or pâle de ses fleurs qui s'ouvrent successivement pendant tout l'hiver, mais surtout abondamment en avril et en mai. Elles supportent bien le transport, se gardent fraîches huit et dix jours dans l'eau et méritent à tous les titres la faveur dont elles sont l'objet chez nous et plus encore en Angleterre. Elles ne paraissent pas fleurir à beaucoup près aussi bien ni aussi abondamment dans le Nord que dans leur pays d'origine. La plante ne se multiplie sûrement que par boutures.

Arum d'Éthiopie *(Lis en cornet), Richardia Æthiopica.* — Considéré à Paris comme de serre froide ou d'orangerie, l'Arum d'Éthiopie se cultive parfaitement en pleine terre en Provence ; aussi, tandis que dans le Nord on l'emploie surtout en potées fleuries, on en coupe au contraire les fleurs dans le Midi et on les expédie aux fleuristes de la capitale et des autres grandes villes. Elles supportent bien le transport et ont l'avantage de se garder longtemps dans l'eau. Tout le monde connaît ses cornets évasés, d'un blanc pur, au centre desquels se détache une mèche droite ou tordue d'un beau jaune d'or.

La plante se multiplie par les rejets qu'elle produit à sa base. Il en existe une race à fleurs petites et nombreuses qui mérite l'attention des amateurs et des fleuristes.

Eucalyptus. — Ce genre si étrange d'arbres australiens, dont plusieurs espèces sont gigantesques, n'est guère connu dans le public que par la rapidité de sa croissance et ses propriétés hygiéniques.

Il compte cependant plusieurs espèces dont les fleurs sont fort décoratives, et il en est même quelques-unes dont les rameaux commencent à paraître à la halle de Paris ; ce sont :

L'*Eucalyptus globulus*, le plus connu des Eucalyptus, qui donne des fleurs en forme de cocarde composée d'une frange épaisse de filaments blancs autour d'un centre vert pâle. La largeur de ses fleurs peut égaler à peu près celle de la paume de la main d'un enfant ; le feuillage qui les accompagne est très ample, allongé en faucille.

L'*Eucalyptus cosmophylla* a les fleurs réunies par trois, grandes à peu près comme une pièce d'un franc; son feuillage est raide, court, grisâtre. Les boutons présentent souvent avant de s'ouvrir une teinte de cire plus ou moins nuancée de rouge brun. L'*Eucalyptus cosmophylla* fleurit presque tout l'hiver, c'est un de ceux qu'on envoie le plus à Paris.

L'*Eucalyptus melliodora* donne de longs rameaux grêles et pendants, étoilés de centaines de petites fleurettes blanches d'une légèreté extrême; il trouve parfaitement son emploi dans les grands vases.

L'*Eucalyptus robusta* porte ses fleurs vers l'extrémité supérieure et tout au bout de ses rameaux qui sont forts et dressés. Les boutons allongés et pointus ont souvent une couleur de cire comme ceux de l'*Eucalyptus cosmophylla*. Les feuilles, qui rappellent celles d'un Laurier de Portugal, sont très belles, fermes et d'un beau vert foncé. C'est une des meilleures espèces pour bouquets.

On ne voit pour ainsi dire jamais au marché les fleurs de l'*Eucalyptus Leucoxylon;* il y en a cependant des variétés d'un rose vif qui mériteraient d'être employées par les fleuristes.

Eupatoire en arbre. *Eupatorium Morrisii.* — Ce joli arbuste à feuilles persistantes fleurit en plein hiver dans le Midi. Les bouquets larges et plats de fleurs d'un blanc rosé sont légers et gracieux et servent, comme dans l'été le *Stevia serrata*, à donner de la légèreté aux ouvrages des fleuristes. Ils sont surtout agréables lorsque la plante a poussé à l'ombre, car les fleurs deviennent alors d'un blanc pur. L'*Eupatorium Morrisii* se bouture facilement.

Giroflées. *Cheiranthus incanus*, var. — J'ai énuméré, page 70, les principales variétés de Giroflées cultivées. Il en est deux ou trois cependant qui sont tout à fait particulières au Midi et qui doivent figurer ici.

GIROFLÉE BLANCHE D'HIVER DE NICE. — Moins vigoureuse, mais plus hâtive, plus élancée, plus ramifiée que la Giroflée grosse espèce Cocardeau de Paris, celle-ci donne des fleurs moins larges, mais d'un blanc plus pur, et comme elle est extrêmement branchue, la production s'en maintient longtemps.

GIROFLÉE D'HIVER A GRANDE FLEUR BLANC LILACÉ. — C'est encore une race tout à fait méridionale et des plus remarquables par la largeur et le charmant coloris de ses fleurs. Elle fleurit tout l'hiver pourvu qu'on ait un peu échelonné les semis.

GIROFLÉE QUARANTAINE REMONTANTE A FLEUR ROUGE SANG. — Cette belle plante demi-naine, branchue, hâtive, fleurit tout l'hiver en Provence, donnant une abondance de fleurs rouge écarlate foncé qui sont fort appréciables à cette époque. On peut la cultiver aussi dans le Nord, mais elle n'y fleurit pas en hiver.

Mimosa. *Acacia dealbata, petiolaris, cultriformis, longifolia*, etc. — La fleur que le public appelle *Mimosa* et qui pour les botanistes est celle de divers Acacias de la Nouvelle-Hollande, est devenue un des éléments dominants des décorations florales pendant l'hiver.

Les petits pompons jaunes, arrondis ou allongés, qui se réunissent en grappes terminales ou s'étagent le long des rameaux, sont connus de chacun et s'emploient l'hiver, soit seuls, soit associés aux Violettes avec lesquelles ils s'harmonisent particulièrement bien, soit dans les bouquets de toute sorte où la couleur jaune apporte toujours un élément utile.

Les quatre espèces nommées en tête de l'article sont les plus importantes. La première dépasse de beaucoup toutes les autres et, pour bien des gens, représente à elle seule le genre tout entier.

C'est qu'en effet avec la légèreté extrême de ses grappes jaunes, avec son feuillage très fin et découpé, avec la longueur et la fermeté de ses rameaux, l'*Acacia dealbata* est à la fois le plus joli et le plus facile à employer de toutes façons, des fleurs qu'on réunit sous le nom de Mimosa. Il fleurit du milieu de janvier au milieu de mars.

L'*Acacia petiolaris*, qui lui succède, est d'un plus grand effet avec ses longues grappes de pompons d'un jaune d'or intense, de la taille d'un gros pois. Mais le feuillage est moins gracieux et moins élégant et la conservation dans l'eau laisse à désirer.

L'*Acacia cultriformis*, qui fleurit en mars et avril, a des feuilles très courtes, gris argenté, comme des écailles, implantées sur les rameaux. Les fleurs sont réunies en grappes terminales, légères, bien fournies et d'un jaune presque orangé.

L'*Acacia longifolia* a les feuilles entières, oblongues, et les fleurs sessiles à l'aisselle des feuilles. C'est la *Chenille* de la halle de Paris. Cette espèce fleurit de mars en mai, l'odeur en est malheureusement peu agréable.

Il ne faut pas oublier l'*Acacia floribunda* des fleuristes, d'un joli jaune citron, qui a le mérite de fleurir toute l'année.

Œillets. — La production des Œillets en pleine

terre est devenue une des grandes industries horticoles du Midi. Dans les hivers doux, les Œillets remontants ne cessent pas de fleurir sur la côte provençale. Dans les autres, un simple châssis ou même un paillasson mis la nuit sur les plantes ou un abri de toile, suffisent à préserver des gelées les plantes cultivées en pleine terre. Un gros Œillet rose dit *Œillet de Mahon*, une race locale à fleur blanche et cœur carné dit *Enfant de Nice*, et les races remontantes lyonnaises sont celles qui produisent presque toutes les fleurs qui s'expédient sur Paris et tout le Nord. Ici comme ailleurs, les fleurs paient largement les soins qu'on leur donne et le rendement est en rapport avec l'attention donnée à la culture.

Polygalas en arbre. *Polygala grandiflora*, *P. Juncea*, *P. myrtifolia*. — On voit de temps en temps chez les fleuristes, et l'on voudrait y voir plus souvent, les rameaux fleuris de ces jolis arbustes qui ne peuvent prospérer en pleine terre que dans le Midi.

Les fleurs en sont violettes, d'une forme étrange qui rappelle un peu celle d'une fleur de Pois de senteur à demi ouverte ou celle d'un papillon aux ailes presque fermées. La floraison des Polygalas dure presque tout l'hiver ; on les multiplie de semis.

Roses d'hiver. — Quelques variétés de Roses déjà citées à l'article spécial, page 289, méritent cependant d'être mentionnées ici à cause de l'importance très grande de leur culture dans le Midi, et du commerce considérable qui en est fait.

En tête de toutes doit venir la *Rose thé Safrano,* si bien adoptée par les cultivateurs de Provence qu'elle est plus connue sous la désignation de *Rose de Nice* que sous son nom véritable.

C'est cette Rose, d'un jaune saumoné assez vif quand elle est en bouton, devenant plus pâle et presque blanche à l'épanouissement complet, peu double et d'autant plus gracieuse de forme à l'état de fleur à demi ouverte. Ce qui justifie la faveur dont elle est l'objet, c'est la facilité qu'elle a de continuer à fleurir à une température trop bassse pour que les autres Roses, sauf les *Bengales* ou la *Gloire des Rosomanes,* puissent développer leurs fleurs. Si légère que soit la différence de tempérament, elle a sa grande importance, car elle porte précisément sur un degré de température qui est à peu près le minimum ordinaire de la côte provençale dans ses parties les plus douces, de sorte que, là, la Rose Safrano est une Rose perpétuelle en hiver, tandis que presque toutes les autres subissent une interruption plus ou moins longue dans leur floraison.

Les Roses thé *Coquette de Lyon, Madame Falcot, Marie Van Houtte* se cultivent comme Safrano, ont plus de valeur quand elles sont bien venues, mais ne sont pas aussi constantes dans leur production.

La Rose *Général Lamarque,* de la série des Noisettes est encore une de celles qui se cultivent le plus dans le Midi. Elle est à l'état de bouton d'un blanc pur à peine soufré dans le centre à l'épanouissement complet. Très sarmenteuse, demandant plus de chaleur que Safrano, elle se prête très bien à la culture en espalier qui est celle qu'on lui applique le plus communément. Elle est très remontante et fleurit toute l'année en bouquets souvent nombreux.

Les *Roses de Bengale* et la Rose *Gloire des rosomanes* sont de celles qui supportent le mieux l'abaissement de la température sans cesser de fleurir, mais elles ne voyagent pas bien et, à ce titre, sont peu recherchées par les expéditeurs. Pour les amateurs qui voudraient les employer sur place, elles sont de premier mérite, surtout le *Bengale sanguin* et le *Bengale Ducher* à longs boutons blanc pur. La Gloire des rosomanes à peine double est très grande et d'un rouge cramoisi des plus intenses.

Plusieurs des variétés de Roses thé ou hybrides obtenues dans le Midi réclament le climat de leur pays natal pour se développer complètement et se montrer avec tous leurs avantages. On ne peut, par exemple, se faire une idée, sur des fleurs cultivées dans le Nord, de ce que peuvent devenir des Roses telles que *Duchesse d'Edimbourg*, *Isabelle Nabonnand*, *Paul Nabonnand*, *Papa Gontier*. Il faut les avoir vues cultivées en pleine terre, avec de l'espace et du soleil, pour se rendre compte de l'ampleur et de la fraîcheur de coloris qu'elles peuvent atteindre. Mais elles ne fleurissent ainsi qu'au printemps à l'époque où les fleurs du Midi ne peuvent plus guère voyager.

Plantés de même en pleine terre, mais recouverts d'un vitrage, ces rosiers fleurissent vers la fin de l'hiver et donnent alors des fleurs de haut luxe.

Les Rosiers thé grimpants *Maréchal Niel*, *Chromatelle*, *Gloire de Dijon* sont aussi fort cultivés dans le Midi, mais comme lianes ornementales plutôt que pour le commerce. Là où la Rose *Maréchal Niel* est produite en grand, on la force en serre exactement comme dans le Nord.

VIII. Fleurs et Graminées a sécher pour bouquets d'hiver

Quelle que soit la supériorité des fleurs fraîches sur les fleurs sèches, au point de vue de la décoration des pièces habitées, les premières ne sont pas toujours de saison et tous les endroits ne présentent pas, sous ce rapport, les mêmes ressources que Paris et les grandes villes où les fleuristes sont approvisionnés en toute saison par les cultures faites sous verre.

Il ne faut pas, au surplus, établir de rivalité ni d'antagonisme entre l'usage des fleurs fraîches et celui des fleurs conservées ; car le goût des unes conduit tout naturellement au goût des autres, et même elles peuvent être parfois associées les unes aux autres avec succès.

Une demi-douzaine de plantes à fleurs peuvent être recommandées par-dessus toutes les autres pour les bouquets d'hiver ; on doit y joindre une dizaine de Graminées dont les épis ou panicules secs se conservent parfaitement et ajoutent beaucoup de grâce et de légèreté aux bouquets que l'on peut faire avec les autres fleurs.

Immortelles, *Helichrysum orientale*, etc. — Au premier

rang des fleurs à sécher on doit citer les Immortelles qui semblent faites pour cet unique usage. On y distingue les *Immortelles à bractées* (fig. 189), grandes

Fig. 189. — Immortelle à bractées.

plantes très ramifiées, de coloris très variés, allant du blanc pur au rouge brun foncé.

Les Immortelles annuelles (fig. 190), plus légères et plus gracieuses, mais où n'existent pas d'autres coloris que le blanc ou le violet.

Il est vrai que l'art supplée à la nature en rougissant les fleurs avec les vapeurs de soufre et en teignant la variété blanche de toutes les couleurs imaginables.

Fig. 190. — Immortelle annuelle (*Xeranthemum annuum*).

Fig. 191. — Immortelle d'Orient (*Helichrysum orientale*).

L'IMMORTELLE DU CAP, très remarquable par son aspect blanc argenté, ne se cultive pas en Europe, mais s'importe toute sèche de l'Afrique australe. Elle aussi passe souvent par les mains du teinturier.

L'IMMORTELLE D'ORIENT (fig. 191), à toutes petites fleurs jaune d'or, s'emploie par millions de bottes pour les couronnes funéraires. Elle fait, dans le département du Var, l'objet de cultures importantes, localisées autour d'Ollioules et de Bandol. Toutes les teintes qu'elle présente dans le commerce, sauf le jaune, sont des teintes factices.

Acroclinium. *Acroclinium roseum.* — Très jolie plante à grandes fleurs rose frais ou blanches, ressemblant à une Immortelle à bractées, mais plus gracieuse. Elle est tantôt solitaire au sommet de sa tige, tantôt environnée d'autres fleurs plus petites. Séchées à l'ombre, ces fleurs gardent leur couleur et font de charmants ornements pour l'hiver. L'Acroclinium se cultive à peu près comme la Reine-Marguerite, semé sur couche, mis en place en mai.

Rhodanthe. *Rhodanthe Manglesii* (fig. 189). — C'est la plus gracieuse, sans contredit, de toutes les fleurs introduites d'Australie. Elle a la durée des immortelles et toute la grâce des plus jolies fleurs fraîches. Tout le monde a vu chez les fleuristes ces potées de fleurs d'un rose frais, accompagnées d'écailles argentées et qui s'inclinent ou retombent au sommet de tiges presque filiformes, garnies de feuilles ovales arrondies. En suspendant à l'ombre la plante entière, de préférence avec les fleurs en bas, on obtient de charmants bouquets tout faits.

Fig. 192. — *Rhodanthe Manglesii maculata*, var.

Fig. 193. — *Statice tatarica.*

Quatre variétés du Rhodanthe sont en usage : la race rose ordinaire, la blanche, la rose à centre foncé et la rose double. Toutes sont faciles à cultiver, de préférence en pots et dans le terreau. Le mélange des diverses races donne de la variété aux bouquets.

Statice. — Je ne reviendrai pas ici sur les mérites des Statices (voyez p. 192).

Les Statices *tatarica* (fig. 193), *incana, Limonium,* sont de bonnes plantes à sécher pour l'hiver.

Echinops Ritro. — Les inflorescences de l'Echinops forment avant l'épanouissement des fleurs une boule d'un gris bleuâtre, toute hérissée de pointes. C'est dans c etétat qu'on les cueille pour les sécher et les conserver pour l'hiver. La forme originale de ces fleurs les recommande ainsi que l'élégance des feuilles, très découpées et argentées au-dessous.

Fig. 194. — Lunaire *(Lunaria biennis).*

Lunaire, ou *Monnaie du pape, Lunaria biennis.* — Ce

ne sont pas ici les fleurs qui constituent la partie ornementale de la plante, mais la cloison médiane des larges siliques (fig. 194) où la graine est contenue. Après qu'elles se sont ouvertes et que la graine a été extraite, il reste une membrane fine, satinée, argentée, de forme ovale arrondie, vraiment jolie à voir et méritant bien la faveur dont elle est l'objet.

Fig. 195. — *Gomphrena globosa.*

Fig. 196. — *Ammobium alatum.*

Amarantoides. *Gomphrena globosa* (fig. 195), et **Ammobium alatum** (fig. 196). — Ces deux plantes partagent avec les Immortelles la propriété de conserver leurs couleurs et, jusqu'à un certain point, leur fraîcheur, étant coupées et séchées à l'ombre. L'Ammobium a les fleurs blanches, l'Amarantoïde les a roses, orangées ou violettes.

Parmi les Graminées à sécher pour les bouquets d'hiver, il convient de citer en première ligne le **Gynerium argenteum** (fig. 19), *Herbe des pampas*, dont les panaches soyeux peuvent atteindre près d'un mètre de longueur et qui vit en pleine terre sous le climat de Paris produisant chaque automne ses longs épis légers et plumeux.

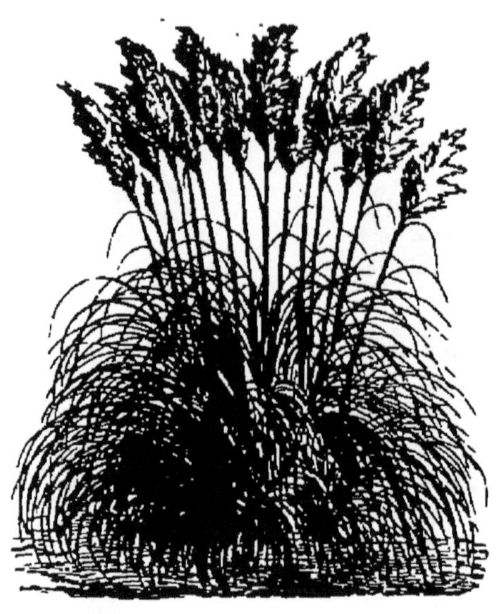

Fig. 197. — *Gynerium argenteum.*

La **Stipe plumeuse**, *Stipa pennata*, est une herbe vivace des terres sablonneuses, dont chaque graine est surmontée d'une longue aigrette ressemblant à une plume de marabout. Elle est rustique à Paris et très durable.

L'**Uniola latifolia**, plus sensible au froid, supporte pourtant nos hivers ordinaires. Les épillets très plats, larges et, pour ainsi dire, tranchants, sont réunis en grappes légères et gracieuses.

Les espèces annuelles sont nombreuses ; on doit surtout recommander l'**Agrostis nuageux**, *A. nebulosa* (fig. 198), que son nom caractérise bien, les deux **Brizes**,

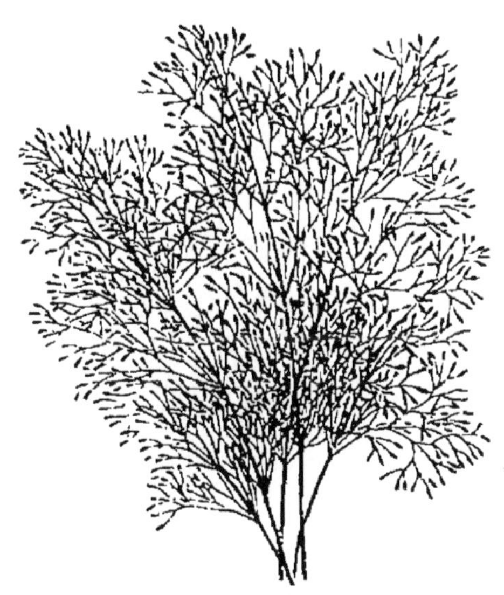

Fig. 198. — Agrostis nuageuse (*Agrostis nebulosa*).

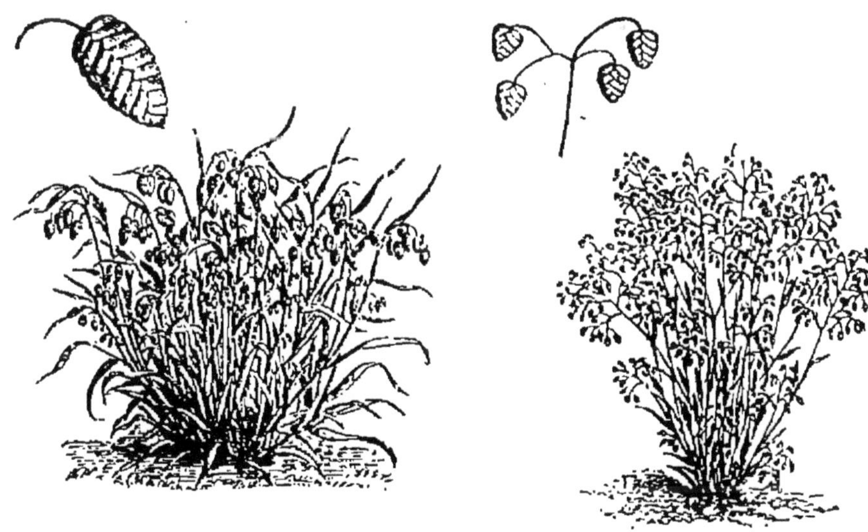

Fig. 199. — *Briza maxima*. Fig. 200. — *Briza minor*.

Briza maxima (fig. 199) et *Briza minor* (fig, 200), à panicules composées d'épillets en forme de cœur, renflés, mais dix fois plus gros dans la première espèce que dans la seconde ; le **Lamarckia aurea**, à épis compacts, rap-

Fig. 201. — *Lagurus ovatus*.

Fig. 202. — *Pennisetum villosum*.

pelant une frange fine et dorée; le **Lagurus ovatus** (fig. 201), queue de lièvre dont les épis veloutés, ovales, courts sont doux au toucher comme une fourrure; le **Pennisetum villosum** (fig. 202) à épis cylindriques hérissés de longs poils raides, dont on cultive une race blanchâtre et une autre violacée. Toutes ces Graminées, cueillies au moment de la floraison ou un peu avant, se conservent parfaitement et, grâce à la diversité de leurs formes, peuvent composer de très jolis bouquets. Aucune n'est difficile à cultiver.

IX. Feuillages et Verdures

La mode, d'accord en celà avec le bon goût, a fait justice des lourds bouquets massifs où les fleurs étaient pressées les unes contre les autres, couleur contre couleur sans un brin de verdure pour atténuer les contrastes. Aujourd'hui on veut de l'air dans les bouquets et en même temps on reconnaît l'importance du rôle du feuillage, au point que, là où les fleurs employées en sont dépourvues, on y supplée par des brins de verdure empruntés à diverses plantes choisies ordinairement parmi celles qui restent toujours vertes.

Cet emploi a même tant d'importance que les *verdures* font à la halle et chez les fleuristes l'objet d'un commerce spécial qui a ses sources d'approvisionnement régulières et honnêtes et qui bien souvent aussi est alimenté par le maraudage. Dans les environs de Paris la chasse aux Fougères et aux branches d'arbustes verts prend même parfois le caractère d'expéditions à main armée.

Pour les grands bouquets et les hautes gerbes de fleurs, on emploie comme verdure d'accompagnement les tiges d'Asperge qui sont extrêmement gracieuses et légères et les rameaux de LAURIER D'ALEXANDRIE, *Ruscus racemosus*, plante voisine des Asperges dans la classification botanique, mais différente d'aspect, à tiges durant plusieurs années, garnies de feuilles coriaces et luisantes, lancéolées, très élégantes et restant très longtemps fraîches. Cette verdure est extrêmement recherchée à la halle de Paris et les propriétés qui en sont bien garnies risquent de voir leurs murs souvent escaladés au cours de l'hiver.

Les feuillages de MAHONIA sont aussi fort employés ; à l'arrière-saison, quand les gelées leur ont donné des tons bronzés ou des teintes rougeâtres, ils contribuent par eux-mêmes à la beauté des groupes de fleurs où on les mêle et peuvent même s'employer seuls.

Les rameaux de LAURIER DE PORTUGAL, de BUIS, de CHRYSANTHÈMES DE L'INDE dépourvus de fleurs s'utilisent aussi. Le HOUX quoique un peu raide et ayant l'inconvénient d'être épineux fait bon effet dans les gerbes de fleurs ; on le préfère à l'automne quand il est garni de ses jolies baies rouge corail.

Fougères. — Les grandes fougères, OSMONDE ROYALE, FOUGÈRE FEMELLE (*Athyrium filix fœmina*) (fig. 203) et FOU-

GÈRE MALE (*Polystichum filix mas*) (fig. 204), la FOUGÈRE COMMUNE elle-même (*Pteris aquilina*), sont également en usage pour décorer et surtout pour entourer les

FIG. 203. — *Athyrium Filix fœmina.*

bouquets montés. On cultive peu ces plantes qui sont toutes sauvages dans les environs de Paris et se trouvent abondamment dans les bois ou le long des cours d'eau.

Pour les bouquets moyens ou petits, on fait grand usage des feuilles de la PETITE PERVENCHE qui restent vertes toute l'année, même par les plus grands froids. Les feuilles de LIERRE sont aussi très largement employées; autrefois, elles servaient toujours à entourer les petits bouquets de violettes. Aujourd'hui que les Violettes viennent surtout du Midi, elles sont garnies de leurs propres feuilles, qui, en Provence, sont fraîches toute l'année.

La Fougère la plus employée par les fleuristes, l'*Asplenium adiantum nigrum*, trouve ici sa place. C'est une plante très élégante, à fronde triangulaire dans son ensemble, allongée, finement découpée, mais à divisions assez épaisses et assez fermes pour avoir de la résistance et de la durée ; le pétiole très raide et ferme est d'un beau noir luisant, assez long pour pouvoir être aisément fixé dans les bouquets ou corbeilles. Il s'emploie à Paris plusieurs centaines de kilogrammes de cette Fougère tous les jours. Cette quantité vient de cultures spéciales et du Midi où elle est à la fois cultivée et récoltée à l'état sauvage.

FIG. 204. — *Polystichum filix mas.*

FIG. 205. — *Polypodium vulgare.*

Le POLYPODIUM VULGARE (fig. 204), très commun dans toute la France, sur les vieux murs et sur les talus ombragés des bois, trouve aussi son emploi dans l'art du fleuriste ; il est activement recherché et ramassé dans les environs de Paris où on ne le rencontre déjà plus aussi abondamment qu'autrefois. Il peut, du reste, être remplacé avec avantage par quelques-unes de ses variétés horticoles, qui sont plus découpées que le type ou dentées, frisées, contournées de diverses manières.

Il en est de même du SCOLOPENDRE OFFICINAL ou langue de cerf, Fougère à feuille entière, allongée, obtuse, qu'on trouve dans les puits et sur les rochers, dans les situations ombragées. La forme sauvage (fig. 206) est

Fig. 206. — Scolopendre officinal (*Scolopendrium officinarum*)

Fig. 207. — *Scolopendrium undulatum*, var.

bien dépassée en mérite ornemental par diverses variations qu'on reproduit par division des rhizomes et parmi lesquelles les formes à feuilles ondulées (fig. 207), crispées et même divisées en plusieurs lobes. Cette Fougère est durable et se conserve fraîche plusieurs jours, même dans les appartements.

La Fougère couronnée du Canada, *Adiantum pedatum*, n'est ni aussi connue ni aussi employée que sa parfaite rusticité et sa grande élégance ne sembleraient le mériter. C'est une plante de $0^m,30$ à $0^m,40$ de hauteur (fig. 208), à pétiole extrêmement fin, dressé, noir, se divisant au sommet en deux branches qui s'étendent horizontalement en demi-cercle, portant seulement sur leur côté extérieur des divisions divergentes, garnies de folioles très élégantes, rappelant celles de la Capillaire commune, mais plus allongées. La longueur et la finesse de son pétiole, ainsi que sa forme légère et divisée, rendent l'emploi de cette jolie Fougère très facile et très avantageux.

La CAPILLAIRE, *Adiantum capillus Veneris*, est très estimée des fleuristes et presque indispensable dans les petits bouquets de corsage ou de boutonnière ; mais ce n'est pas, en général, l'espèce indigène qui y est employée, mais des espèces plus délicates qui se cultivent en serre tempérée ou même en serre chaude (*Adiantum cuneatum*,

FIG. 208. — Fougère couronnée du Canada (*Adiantum pedatum*).

tenerum, Farleyense). Ces plantes donnent une telle quantité de frondes qui, grâce à la protection des châssis vitrés, sont toujours parfaitement nettes et fraîches, qu'elles ne coûtent pas plus à cultiver ainsi qu'en pleine terre, et produisent plus abondamment.

Je mentionnerai seulement en deux mots les ventes de feuilles vertes destinées à la garniture des compotiers, assiettes ou corbeilles de fruits. Les FEUILLES DE VIGNE sont les plus reecherchées de toutes, puis celles de FIGUIER, de LIERRE D'IRLANDE, de MAUVE FRISÉE, de VIGNE VIERGE. On emploie aussi la mousse fraîche qui trouve également son utilité dans le montage des fleurs pour bouquets de toute sorte. La plus longue et la plus souple est la meilleure ; à Paris, on emploie presque exclusivement pour ces usages l'*Hypnum triquetrum* dont on fait aussi un grand commerce à l'état sec, soit avec sa couleur naturelle, soit après l'avoir artificiellement teint en vert foncé.

FIN

TABLE DES MATIÈRES

TABLE DES MATIÈRES

FIN DE LA TABLE DES MATIÈRES

TABLE ALPHABÉTIQUE

FIN DE LA TABLE ALPHABÉTIQUE

Lyon — Imp. PITRAT AINÉ, **A. Rey** Successeur, 4, rue Gentil. — 3440.

www.ingramcontent.com/pod-product-compliance
Ingram Content Group UK Ltd.
Pitfield, Milton Keynes, MK11 3LW, UK
UKHW020429200726
13857UKWH00002B/357

9 782011 933829